WAIYU JIAOXUE JI QI SHIJIAN YANJIU
——YI EYU JIAOXUE WEILI

外语教学及其实践研究
——以俄语教学为例

周天河 ◎著

中国书籍出版社
China Book Press

图书在版编目（CIP）数据

外语教学及其实践研究：以俄语教学为例/周天河著.—北京：中国书籍出版社，2024.6.—ISBN 978-7-5068-9926-0

Ⅰ.H359.3

中国国家版本馆CIP数据核字第2024YK0307号

外语教学及其实践研究：以俄语教学为例
周天河　著

图书策划	尹　浩　李若冰
责任编辑	李　新
责任印制	孙马飞　马　芝
出版发行	中国书籍出版社
地　　址	北京市丰台区三路居路97号（邮编：100073）
电　　话	（010）52257143（总编室）（010）52257140（发行部）
电子邮箱	eo@chinabp.com.cn
经　　销	全国新华书店
印　　刷	廊坊市博林印务有限公司
开　　本	710毫米×1000毫米 1/16
字　　数	223千字
印　　张	12.5
版　　次	2024年8月第1版
印　　次	2024年8月第1次印刷
书　　号	ISBN 978-7-5068-9926-0
定　　价	76.00元

版权所有　翻印必究

前　言

在当今全球化的背景下，外语教学已经成为国际教育领域中不可或缺的一部分。外语教学的质量和效果对于培养全球化时代的人才至关重要，它不仅关乎个人在国际舞台上的竞争力，更关系到国家的对外交流和国际形象的塑造。俄语作为世界上重要的语言之一，其在政治、经济、文化等多个领域都发挥着不可替代的作用。因此，深入研究外语教学及其实践，尤其是俄语教学，显得尤为迫切和必要。

鉴于此，本书聚焦于外语教学及其实践，全面阐述外语教学的理论体系与实践路径，深入探讨外语教学的主要理论、影响因素和基本方法，并详细解析了教学计划与大纲的制定。基于俄语教学的特色与实践，深入剖析俄语教学的性质、特征与理论策略，着重探讨俄语语言文化的能力习得，详细阐述俄语教学设计的主要阶段、侧重点及基本原则，着重分析学生能力培养的重要性，通过探讨现代教育技术与俄语教学的融合，从语言学、句法、语义及语言文化等多个维度，对俄语教学实践进行全面而深入的剖析。

本书语言简洁明了，逻辑清晰严谨，一方面，注重理论与实践的结合，既有深入的理论阐述，又有生动的实践案例；另一方面，注重创新性和实用性，在传承经典的基础上，提出新的观点和思路，为外语教学工作注入新的活力。本书还注重跨学科的视角，借鉴了其他领域的研究成果和方法，为俄语教学的研究提供了新的思路和方向。

外语教学是一个复杂而多变的领域，需要不断探索和创新。期望本书能够为外语教学提供可行性建议，为广大外语教育工作者提供一个交流平台，从而更好地应对不同文化背景下学习者的需求，提升外语教育的质量，共同探索外语教学的奥秘，推动我国外语教学的改革与创新，培养更多具备跨文化交流能力的外语人才。

目 录

第一篇 外语教学及其应用实践

第一章 外语教学的理论体系 1
- 第一节 外语教学的主要理论 1
- 第二节 外语教学的影响因素 20
- 第三节 外语教学的基本方法 24
- 第四节 外语教学的教学计划与大纲 28

第二章 外语教学的实践路径 34
- 第一节 任务型外语教学 34
- 第二节 情境再现式外语教学 44
- 第三节 探究式与体验式外语教学 49
- 第四节 基于结构主义的外语教学 54
- 第五节 基于交际理论的外语教学 72

第三章 外语教学指导及其应用实践 81
- 第一节 认知语言学对外语教学的指导 81
- 第二节 注意理论在外语教学中的应用 86
- 第三节 范畴理论与隐喻理论在外语教学中的应用 87
- 第四节 建构主义理论在跨文化外语教学中的应用 100
- 第五节 最近发展区理论与可理解性输入理在外语教学中的应用 105

第二篇　俄语教学及其实践研究

第四章　俄语教学的理论体系 109
第一节　俄语教学的性质与特征 109
第二节　俄语教学的理论与方法 112
第三节　俄语语言文化的学生能力习得 125

第五章　俄语教学设计及学生能力培养 128
第一节　俄语教学设计的主要阶段 128
第二节　俄语教学设计的侧重点 136
第三节　俄语教学设计的基本原则 138
第四节　俄语教学的学生能力培养 141

第六章　基于现代教育技术的俄语教学实践 159
第一节　基于信息化的俄语线上教学 159
第二节　多媒体在俄语教学中的实践 162
第三节　基于微格与微课的俄语教学 164
第四节　基于新技术的俄语教学实践 174
第五节　现代教育技术与俄语教学 176

第七章　多元维度下的俄语教学实践 179
第一节　语言学维度的俄语教学 179
第二节　句法维度的俄语教学 182
第三节　语义维度的俄语教学 183
第四节　语言文化维度的俄语教学 187

参考文献 189

第一篇　外语教学及其应用实践

第一章　外语教学的理论体系

第一节　外语教学的主要理论

语言源自人类的协作劳动，它在服务于人类协作劳动的同时，并无国界的限制。生产力的高度发展推动了全球劳动协作的国际化，世界日益紧密相连，外语的重要性也愈加凸显。过去，文化或经济发达的国家主导了传播型国际化，而发展中国家则主要是吸收型国际化，但这些都已成为过去。现今，任何国家在文化和经济上都既有输出也有吸收，形成了交流型的国际化。在交流型国际化的信息时代，科学技术不仅打破了国界，也打破了学科间的壁垒，这导致了智力性质和结构的深刻变化。智力的个体性减弱，社会性增强，成为人们协作劳动的基础能力；智力结构也超越了单一民族文化传统，融入了多种民族文化的元素，因此学习第二文化成为智力发展的必要条件。

一、外语教学的基本理论

（一）外语教学的语言习得理论

目的论回答为什么学外语，说明学校应该开设外语课；学习理论则回答如何学外语，说明学生能够学会外语。根据语言本质和人类语言的发展史实，无论是本族语还是外语，都是学会的，不会说话就是反证。但是，学习本族语和学习外语的过程有很大不同。学习本族语是通过日积月累的、大量的自然接触，无控制、无人为计划地随着年龄的增长而学会，虽然在学的进程中会进行模仿、类比，但并无专门的教学活动，这种学习是语言习得。习得与学习有质的差异，但两者并非互不相涉。在外语教育学中，区分习得和学习是有益的。根据语言习得理论，儿童学习本族语的发展过程有以下阶段：

第一，语言游戏期，通常出现在婴儿3到6个月大的时候，也被称为婴儿语期。在这个阶段，婴儿开始能够理解面部表情和语调，他们能够通过观察成年人的表情和声音变化，初步感知到情绪的变化。同时，婴儿也开始尝试运用自己的发音器官发出语音，尽管他们还不能说出连贯的话语，但这种尝试是他们语言发展的初步探索。

第二，幼儿语期，大约在婴儿6到9个月大时。在这个阶段，婴儿的语言能力有了进一步的提升，他们开始能够对手势和简单的指令做出反应。同时，在自身内在刺激的作用下，他们会不断尝试进行语音组合，尽管这些组合可能并没有实际的意义，但这是对语言规则的一种初步探索和尝试。

第三，模仿期，在12个月左右。在这个阶段，他们开始能够对外界的影响做出积极反应，他们会模仿听到的声音，开始说出单词句，并进行重复性的言语游戏，这种模仿行为是他们语言学习的重要方式，通过模仿，他们逐渐掌握语言的发音和词汇。

第四，乱讲期，大约出现在15个月。在这个阶段，幼儿开始尝试将外界谈话的成分编成一些难懂的言语，他们的词汇量也开始显著增加。此时，他们开始能够用双词短语进行简单的交谈，尽管这些交谈可能还带有一些混乱和不确定性，但这标志着他们已经开始尝试构建自己的语言系统。

第五，说话期，大约在2岁，这时幼儿开始用短语表达需要，完全理解指令。在这个阶段，他们开始能够用短语来表达自己的需要，并且完全理解成年人的指令。他们的语言变得更加清晰和准确，能够与他人进行简单的交流。

第六，多话期，在大约4岁的时候，儿童完全能够理解成年人说的话，初步掌握了话语规则。他们开始能够用更复杂的句子来表达自己的思想和感受，并且能够进行更深入的交流和讨论。

由于语言习得的阶段论，人们一直在寻找外语学习的最佳年龄。虽然对于几岁是最佳年龄尚无定论，但习得理论对学习理论的影响一直存在，以致多种语言学习的论著总是将习得与学习相提并论，将习得概念泛化，让它包含学习。但除了不同语言的认知模式可能涉及习得外,学习仍是掌握外语的主要途径。

(二)外语教学的语际语言理论

语际语言理论在外语学习领域具有深远的影响,为理解外语学习过程提供了新的视角。根据语际语言理论,学习者在外语学习的各个阶段,所理解和应用的外语并非纯粹的所学语言,而是一种介于本族语与所学外语之间的混合语言,这种混合语言被称为语际语言,是学习者在掌握外语过程中必然经历的过渡阶段。随着学习的深入,这种混合现象会逐渐减少,学习者的语言使用逐渐接近纯外语水平。在这一过程中,语际语言理论强调避免对学习者进行过多的干预,以充分发挥其自主学习的优势。学习者在逐步掌握外语的过程中,会根据自身的认知结构和语言经验,逐渐产生对所学外语的准确理解和应用。因此,语际语言理论鼓励教育者在教学过程中尊重学习者的学习过程和个体差异,避免过度纠正和强制性的教学方法,而是应该引导学习者通过自我探索和实践,逐步减少语际语言中的混合现象,最终实现对纯外语的掌握,这种理念对于发挥学习者的学习优势、提升其外语学习效果具有积极的促进作用。

二、外语教学的学习对象理论

(一)以言语行为为中心的语言取材

外语教育的核心在于外语教学,其焦点是外语学习者的言语行为。言语行为是按照特定规则发出一系列语音,以产生有意义的话语,也可以指句型的结构。然而,这仅仅构成了学习对象的基础和核心。因为完整的言语行为具有交际功能,形成了言语活动。言语活动包括言语行为和超语言成分。超语言成分是指没有文字和语音,但能够传达信息以表达思想和社会关系的各种元素。例如,表情、身势、发音方式等无声语言的成分,哭泣、笑声、叹息等副语言的成分,以及言语活动发生的场合、话题、对话对象、意图、语体、语境等方面的社会心理因素。此外,由于语言是民族文化的承载者,因此学习对象还包括以所学外语为母语的民族文化,这可以被视为一种重要的大语境和超语言因素。

（二）以使用频率为核心的量表筛选

在使用频率为核心的量表筛选中，要考虑的是学习对象的广泛性与学习材料的有限性之间的矛盾。由于外语教学的范围往往相当广泛，而可供学习的材料却相对有限。因此，如何有效地筛选这些材料成为一个关键问题。筛选工作不仅涉及材料的选择，更关乎教学质量和效率的提升。

在筛选材料时，可以从多个角度进行考量。例如，可以从外语教育的目的出发，选择与教育目标相契合的材料；也可以从语言结构的角度出发，挑选那些能够帮助学生构建完整语言体系的材料；还可以从学生需求的角度出发，选择符合学生实际学习需求的材料，这些角度都为筛选工作提供了有益的参考。在这些考量因素中，使用频率无疑是筛选材料时最为重要的一个标准，这是因为言语行为是外语学习的核心，而使用频率的高低直接反映了话语含义和结构在当代言语实际中的重要程度。因此，教师在筛选材料时，应以使用频率为主要依据，优先选择那些在实际生活中使用频率高、对学生语言学习具有实际帮助的材料。

超语言成分，尤其是文化因素在筛选过程中也扮演着重要的角色，这些因素虽然不属于语言本身，但却对语言的使用和理解产生着深远的影响。因此，在筛选材料时，应以符合各自国家的外语教育政策为前提，充分考虑文化因素对学习者的影响，确保所选材料既符合教育目标，又能够帮助学生更好地理解和使用外语。以使用频率为核心的量表筛选是外语教学中一项至关重要的工作。通过科学的筛选方法，可以有效地选择出符合教育目标、符合学生需求、符合文化因素的材料，为外语教学的顺利开展提供有力的保障。

三、外语教学的过程理论

外语教学的过程理论旨在系统地探讨外语学习的过程，并提出了统一、和谐、平衡和循环的核心概念，这些理论不仅适用于不同语言的教学，还可以应用于各种外语学习环境中，包括学校课堂、语言培训机构以及个人自学过程中。通过深入理解和运用这些理论，教师可以更有效地设计教学活动，促进学生的外语学习。

（一）外语教学过程的统一

外语教学过程的统一强调教师在教学过程中应充分关注教学的整体性和

连贯性,确保各个学习环节能够相互衔接、相互促进,共同构成一个系统完整的学习体系。

第一,外语教学目标的统一。一个明确、统一的教学目标能够指导整个教学过程,确保教学内容、方法和手段都围绕这一目标展开,这不仅有助于教师在课前做好充分准备,更能够使学生在学习过程中保持清晰的方向感,从而更好地掌握外语知识。

第二,外语教学内容组织的统一。外语教学涉及语音、词汇、语法、文化等多个方面,这些内容在教学过程中需要相互融合、相互渗透。通过统一性的教学安排,教师可以根据学生的学习特点和需求,将这些内容有机地结合起来,形成一个层次分明、逻辑严密的知识体系。

第三,外语教学方法选择的统一。不同的教学方法适用于不同的教学内容和学习目标。教师在选择教学方法时,应充分考虑教学的统一性原则,确保所选方法能够与整体教学目标和教学内容相契合。

总而言之,通过统一性的教学安排,可以帮助学生建立起对外语知识的整体认知,避免碎片化的学习,提高学习效率。同时,这也对教师的教学能力提出了更高的要求,需要教师在教学实践中不断探索和完善统一性的教学策略和方法。

(二)外语教学过程的和谐

在外语教学过程中,和谐主要体现为教师和学生之间的良性互动,以及学习者内部各个要素如知识、技能、情感等的协调与平衡,这种和谐性对于提升教学质量、优化学习体验具有不可忽视的作用。

第一,教师和学生之间的和谐。在这种关系中,教师不再是单纯的知识传授者,而是成为学生学习过程中的引导者、支持者和合作伙伴。他们积极倾听学生的声音,理解学生的需求,尊重学生的差异,从而能够更好地调整教学策略,提供个性化的教学指导。同时,学生也在这种和谐的师生关系中感受到被尊重和被重视,他们的学习积极性和主动性得到激发,更加愿意参与到学习活动中来。

第二,学习者内部各要素之间的和谐。在外语学习过程中,学生需要掌握语言知识、发展语言技能、培养跨文化交际能力等多个方面的能力,这些能力的发展并不是孤立的,而是需要相互协调、相互促进的。和谐性强调学生在学习过程中要注重各方面能力的均衡发展,避免出现偏科或短板现象。

同时，学生还需要学会调整自己的学习状态，保持积极的学习情感，以应对学习过程中的挑战和困难。在和谐的学习氛围中，学生能够更加轻松地接受知识，他们的思维更加活跃，创造力得到更好的发挥。他们不仅积极参与到各种学习活动中，如课堂讨论、角色扮演、合作学习等，还乐于与他人分享自己的想法和经验，从而形成一个积极向上、互帮互助的学习共同体，这种学习氛围不仅有利于学生的个人成长和发展，还有助于培养他们的团队合作精神和社会责任感。

教师在外语教学过程中应注重和谐性的培养。他们应该积极与学生建立良好的师生关系，关注学生的学习需求和困难，及时给予指导和帮助。同时，教师还应该通过设计丰富多样的教学活动和营造宽松愉悦的学习氛围来促进学生的全面发展和和谐发展。只有这样，才能真正实现外语教学的目标，培养出具有跨文化交际能力、终身学习能力和创新精神的高素质人才。

（三）外语教学过程的平衡

外语教学过程中的平衡是指在教学设计中要考虑到各个方面的要素，包括语言技能的发展、语言知识的积累以及学习策略的培养等。教师在教学过程中，必须要注重学生听、说、读、写各项技能的均衡发展，并且还要重视学生语言的应用能力和实际交际能力的培养。

第一，要实现外语教学过程的平衡，需要注重各项语言技能的统筹发展。听、说、读、写是语言学习的四项基本技能，它们相辅相成，相互促进。因此，在教学设计中应该合理安排各项技能的训练内容，确保学生在这四个方面都能够得到充分的发展。例如，可以通过听力练习来提高学生的听力理解能力，通过口语练习来提高学生的口语表达能力，通过阅读材料来提高学生的阅读理解能力，通过写作练习来提高学生的写作水平。

第二，注重语言应用能力和实际交际能力培养的平衡。语言是用来交流的工具，只有在实际运用中才能够发挥其真正的作用。因此，在教学过程中，除了注重语言知识的传授和技能的训练外，还应该重视学生的实际语言运用能力。例如，可以通过角色扮演、情境对话等方式来模拟真实的交际场景，让学生在实践中学会运用所学语言进行交流。

第三，要实现外语教学过程的平衡，需要教师在教学设计和实施中注重因材施教，因地制宜。不同学生在语言学习方面存在着差异，有的学生擅长听力，有的学生擅长口语，有的学生擅长阅读，有的学生擅长写作。因此，教师应该根据学生的实际情况和学习需求，灵活调整教学内容和方法，确保每个学生都能够得到适合自己的学习支持和指导。

总而言之，只有通过平衡性的教学设计，才能够帮助学生全面提高外语水平，使他们能够在实际生活中熟练运用所学语言。因此，教师在教学实践中应该不断探索和总结经验，不断优化教学设计，为学生提供更加有效的外语学习支持和指导。

（四）外语教学过程的循环

循环是指在外语教学过程中不断回顾、强化和扩展知识。在外语学习中，学生通常需要通过反复地练习和巩固来确保所学知识的牢固掌握，逐步提升语言能力。因此，在教学设计时，教师应该注重通过温故知新的方式引导学生，持续巩固已掌握的知识，并引导他们不断扩展自己的语言知识和技能。

第一，循环在外语教学中体现为对已学知识的反复回顾，这意味着教师需要经常回顾之前的课程内容，巩固学生已经掌握的知识。通过反复的复习，学生可以巩固记忆，加深理解，从而提高语言运用能力。例如，教师可以设计各种复习活动，如课堂回顾、小组讨论、复习游戏等，帮助学生回顾和巩固所学内容。

第二，循环包括对知识的强化，这意味着在教学过程中，教师需要通过不同形式的练习和任务，加深学生对知识的理解和掌握程度。通过多样化的练习形式，如口语对话、书面作业、听力练习等，学生可以更全面地掌握所学知识，并提高语言表达能力。教师可以根据学生的实际情况和学习需求，设计具有挑战性和实用性的强化练习，促使学生不断提升自己的语言水平。

第三，循环包括对知识的扩展。除了巩固已学知识外，教师还应该引导学生不断拓展自己的语言知识和技能，这可以通过引导学生学习新的词汇、语法结构，了解不同的语言用法和文化背景等方式实现。通过不断扩展语言知识的广度和深度，学生可以提高自己的语言能力，并更好地应对各种语言交际情境。

总而言之，外语教学中的循环性原则是确保学生全面提高语言能力的重要保证。通过不断的回顾、强化和扩展，学生可以逐步巩固所学知识，提高语言表达能力，从而更好地应对语言交际挑战。因此，在外语教学中，教师应该充分重视循环性原则，并通过巧妙的教学设计和有效的教学方法，促进学生的全面发展。

四、外语教学的模式理论

（一）外语教学模式理论的特点

外语教学模式理论是指在外语教学过程中，基于一定的教育理念和教学目标，采用特定的教学方法、手段和组织形式，以实现教学效果最优化的理论体系，其特点主要体现在以下方面：

第一，外语教学模式理论的多样性特点。由于外语教学的目标、对象、环境等因素千差万别，这导致在教学过程中形成了多种不同的教学模式。例如，任务型教学强调以任务为导向，让学生在完成任务的过程中提高语言运用能力；交际法则注重培养学生的交际能力，通过模拟真实场景进行语言实践；而情境教学则通过构建生动的语言情境，激发学生的学习兴趣和主动性，这些教学模式各具特色，适用于不同的教学场景和需求，为外语教学的多样化发展提供了有力支撑。

第二，外语教学模式理论的动态性特点。随着教育理念的不断更新和教育技术的快速发展，外语教学模式也在不断地演变和创新。传统的教学模式如语法翻译法等，逐渐让位于更加注重学生主体地位的新型教学模式。近年来，混合式教学、翻转课堂等新型教学模式的兴起，更是为外语教学注入了新的活力，这些新型教学模式不仅充分利用了现代信息技术的优势，还更加注重学生的个体差异和自主学习能力的培养，为外语教学的创新发展提供了新的思路和方法。

第三，外语教学模式理论的实践性特点。教学模式理论并非空中楼阁，而是来源于教学实践并服务于教学实践。只有通过实际应用的检验，才能验证其有效性和可行性。因此，外语教学模式理论的研究必须紧密结合教学实践，不断总结经验教训，优化完善教学模式，这也要求广大外语教育工作者不仅要具备扎实的理论基础，还要具备丰富的实践经验，能够在实践中不断探索和创新，推动外语教学模式理论的不断发展。

（二）外语教学模式理论的运用

外语教学模式理论的运用，作为检验其教学效果和价值的关键环节，具有极其重要的意义。在外语教学实践中，教师不仅需要根据具体的教学目标来规划教学策略，还需紧密结合学生的实际情况，审慎选择适合的教学模式，并灵活运用多种教学方法和手段，以期达到最佳的教学效果。

以任务型教学为例，这种教学模式强调学生的中心地位，以实际任务为导向，让学生在完成任务的过程中，自然而然地掌握语言知识和技能。在实际应用中，教师需要充分考虑学生的语言基础和兴趣特点，设计富有层次性、趣味性和挑战性的任务。教师可以通过角色扮演的方式，让学生在模拟的情境中运用语言；或者布置调查报告的任务，让学生在搜集、整理、分析信息的过程中，提升语言的实际运用能力，这样的任务设计，不仅能激发学生的学习兴趣，还能在完成任务的过程中，培养学生的团队协作精神和解决问题的能力。

除了任务型教学，交际法和情境教学等模式也在外语教学中得到了广泛的应用。交际法注重培养学生的语言交际能力和实际运用能力，通过模拟真实的交际场景，让学生在对话练习中掌握语言的运用技巧。而情境教学则通过构建具体的教学情境，让学生在情境中感知语言、理解语言、运用语言，从而提升语言的实际运用能力。

在应用外语教学模式理论的过程中，教师还需特别关注学生的自主学习能力。通过引导学生积极参与课堂讨论、合作学习等活动，不仅可以提升学生的团队协作精神和批判性思维能力，还可以让学生在互动中发现问题、解决问题，从而增强自主学习能力。

（三）外语教学模式理论的发展趋势

随着全球化浪潮的深入推进和信息技术的日新月异，外语教学模式理论正迎来前所未有的挑战与机遇。站在新时代的起点，有必要深入剖析外语教学模式理论的发展趋势，以期为外语教育的未来发展提供有益的参考。

第一，多元化与个性化教学将成为外语教学模式的主流。随着教育理念的不断更新和学生需求的多样化，外语教学模式正逐渐从统一走向多元，从标准化走向个性化。未来的外语教学模式将更加注重学生的主体性和差异性，以学生的兴趣爱好、学习风格等个体差异为出发点，设计更加符合学生需求的教学方案，这不仅有助于激发学生的学习兴趣和积极性，还能更好地满足学生的个性化需求，提升教学效果。

第二，信息技术与外语教学的融合将更加紧密。信息技术的快速发展为外语教学带来了前所未有的变革。多媒体教学、网络教学、移动学习等新型教学手段层出不穷，为外语教学提供了更加丰富的资源和更加便捷的教学方式。未来的外语教学模式将充分利用这些技术手段，构建线上线下相结合的教学环境，打破时间和空间的限制，实现教学资源的共享和优化配置。同时，信息技术还将为外语教学提供更加精准的数据支持，帮助教师更好地了解学生的学习情况和学习需求，为教学决策提供科学依据。

第三，跨文化交际能力的培养将成为外语教学的重中之重。在全球化的背景下，不同文化之间的交流和互动日益频繁，跨文化交际能力已成为衡量一个人综合素质的重要标准。因此，未来的外语教学模式将更加注重培养学生的跨文化交际意识和能力。通过设计丰富的文化体验活动、开展跨文化交际实践等方式，帮助学生深入了解不同文化的内涵和特点，提高他们的文化敏感性和适应性。同时，教师还将注重培养学生的国际视野和全球意识，使他们能够在全球化的社会环境中更好地发挥自己的作用。

五、外语教学的测试理论

（一）外语教学测试的类型划分

1. 根据测试目的划分

根据测试目的划分，外语教学测试可分为以下方面。

（1）水平测试。水平测试通常用来衡量考生的语言能力，是一种不以某一课程或教学大纲为依据，也不管考生受过何种训练而对考生的一般语言能力进行的考试。在现代生活中，外语教学测试被用来进行各种目的的选拔，教育领域中的升学录取、特殊行业的招聘、出国人员的选拔都采用语言水平测试。

（2）潜能测试。潜能测试是一种评估学生学习外语潜力和天赋的重要手段，其性质类似于对个体智力进行全面评估的智商测试。潜能测试旨在通过评估被测试者的语言能力、语法能力和推理能力等多个方面，预测其未来学习外语的发展潜力和学习能力。潜能测试的理论基础包括了语言能力理论、语法能力理论和推理能力理论等，这些理论指导着潜能测试的设计和实施，使评估者能够全面了解被测试者的学习外语能力和潜力。潜能测试主要用于评估考生未来学习的专业方向，帮助学生选择适合自己特点和能力的语言学习方向，提高学习效果和学习成绩。通过潜能测试，评估者可以更全面地了解被测试者的学习特点和学习需求，为被测试者提供有针对性的学习建议和学习指导，帮助被测试者制订个性化的学习计划和学习策略。

（3）成绩测试。成绩测试是用来考查个别或全体学生在相对较长的某一阶段或最终阶段学习外语的程度，它一般要参考某种教学大纲，并考虑到教学方法。期中测试、期末测试以及各层次学校的毕业考试都属于成绩测试，成绩测试的目的旨在检测学生在某一课程中的学习进展情况。

（4）诊断性测试。诊断性测试是指以确定学生实际应用能力与课程目标之间的差距为目的，以便使教学能够针对学生需求的测试。诊断性测试的目的是了解学生在某一阶段学习上的长处与不足，是否需要加强某一方面语言技能训练，其最终目的是给教师提供教学效果或质量方面的信息。诊断测试常用于课程之初，更多是用于学期中间对阶段性教学和学习情况的检测，在学校教育中称之为小测验或单元测验。诊断性测试的试卷制作具有一定的灵活性，并不局限于严格正式的格式。在某些情况下，教师可以直接将题目书写在黑板上进行测验，以适应特定的教学环境和需求。此外，诊断性测试的时间安排通常较为紧凑，以确保在短时间内有效地评估学生的学习情况。

2. 根据测试形式划分

根据测试的不同形式，外语教学测试的类型主要包含以下方面。

（1）直接测试。直接测试是一种语言能力评估手段，主要用于直接测量个体在特定语言方面的能力水平，这种测试方法通常强调对被测者口语和书面语言技能的考查，以及对其在特定语境下的应用能力进行评估。在直接测试中，评估者会采用实时交流、口语演讲或书面作文等方式，直接观察和评估被测者的语言表达能力，从而获取更真实、更全面的语言能力信息。直接测试通常涉及多种形式，如面对面的口语交流、写作表达、听力理解和阅读理解等，旨在全面评估被测者在特定语言环境中的实际应用能力。直接测试方法在评估被测者的语言能力方面具有显著优势，该方法不仅能够帮助评估者全面了解被测者的语言掌握情况，还能够更精确地反映其在真实语言交际环境中的表达水平和应对能力。通过直接测试，评估者可以获得更加客观、准确的语言能力评估结果，为被测者的语言学习和提升提供有力支持。

直接测试通常会结合特定的外语教学目标和评估标准，以确保测试的科学性和准确性。在测试过程中，评估者会根据语言的语法、词汇、语用和语言交际能力等方面进行评分和评估，从而对被测者的整体语言能力作出准确的判断。此外，直接测试还可以用于评估语言学习者的语言进步和语言能力提升情况，帮助语言教育者和学习者了解学习进程中存在的问题，并及时调整教学策略，以促进学习者的语言发展和提高语言应用能力。

（2）间接测试。间接测试是一种广泛应用的外语能力评估手段，主要通过非直接的方式来测量被测者在语言方面的能力水平。间接测试方法通常包括对被测者的阅读理解、听力理解、语言知识掌握和语言运用能力等方面进行评估，以反映其在特定语言环境下的应对能力和语言理解能力。间接测试可以采用多种形式和工具，如标准化的考试、问卷调查、阅读材料理解和听力材料理解等，这些测试方法通常会根据特定的评估标准和语言能力要求来设计，以确保测试的科学性和准确性。经过间接的评测方式，评估者得以在一定程度上掌握被测者的语言熟练度及运用水平，从而为后续的教学完善与学习指导奠定坚实基础。

间接测试的设计和评估过程需要严格遵循科学的评估原则和方法。评估者通常会根据被测者在阅读理解和听力理解方面的表现，以及对语言知识和语言应用能力的掌握程度进行评分和评估。间接评估方式能够更客观地反映被测者的语言能力水平，避免因直接交流而可能引起的情绪和主观因素的干扰。除了在外语教学和外语学习评估中的应用外，间接测试还在语言研究和语言政策制定中发挥着重要作用。经过对间接测试结果的深入剖析与研究，专家学者得以更加精确地洞察语言习得与发展的内在规律，从而为语言教育的创新与变革提供科学依据，并为语言政策的制定与实施提供有力支持。

3. 根据测试方式划分

"语言测试经历了四个发展阶段：前科学时期、心理测量—结构主义时期、心理语言学—社会语言学时期、交际语言测试时期，对应后三个阶段三种语言测试模式，分别为心理测量—结构主义模式、心理语言学—社会语言学模式、交际语言测试模式"[①]。根据测试方式产生的根源划分，外语教学测试的类型主要包括以下方面。

（1）分离式测试。分离式测试是在结构主义语言学的影响下产生的。结构主义语言学派认为语言是一个完整的体系，这个体系有相应的结构，任何

---

① 补爱华. 语言测试方法论 [M]. 上海：上海交通大学出版社，2011：1.

一种语言都可以按照结构分解成不同的语言层次和语言单位。在教学中将语言知识分解成语音、语法、词汇等传授,将语言技能分解成听、说、读、写等进行训练。分离式测试主张外语测试就是分项测量以上这些方面的知识和技能。分离式测试仅仅测量某一语言层面以及某一语言层面内部不同范畴的知识,如语法、词汇等知识;或仅仅测量某一方面的技能,如听、读等的技能。多项选择题亦属于分离式测试。分离式测试主张每个测试题目只测试一个语言点,并且答案唯一,评分比较客观,比较容易达到教育测量学中所要求的信度。

(2)交际性测试。20世纪60年代后期兴起的社会语言学研究语言与社会的关系,强调语言的使用受到许多非语言因素的影响,提出交际能力的概念。外语教学中相应地产生了交际法教学原则。交际性测试也在外语测试中应运而生。交际性测试主要测量学生在不同的语境中运用语言知识达到交际目的的能力。例如,交际性听力测试,录用人员时的口语测试等。交际性测试要求学生在仿真情境或真实情境中根据交际需要做出相应的书面或口头反应。

(3)综合性测试。综合性测试的理论基础是心理语言学。单项语言知识和语言技能的总和不能真正反映一个人的语言能力,提倡同时测量诸方面的语言知识和语言技能,考查综合运用语言知识的能力。完形填空、阅读理解、段落听写、口语、写作、翻译等均属于综合性测试。典型的综合性测试同时测试两种不同的语言技能,如阅读—听力、阅读—写作、视听—口语等。以完形填空为例,为了能把短文中的空缺还原回去,考生就要用不同的阅读技能,依次要读懂短文、观察空缺词的句子环境、寻找像介词搭配和动词短语等词汇线索观察短文的连接模式和分析句子之间的逻辑关系来确定事件的因果关系,还要有必要的文化背景知识等。

(4)语用测试。随着语用学的兴起,产生了语用测试。语用测试的形式多种多样,其中主要有完形填空、补足对话、辨错改错、翻译等。语用测试的形式不同,其特点及测量目标也不尽相同。完形填空和填词是在自然的语境中根据上文的语义,准确恢复语言成分,如字母、词或句子;补足对话或选择补足对话的特点是根据上下文和表达习惯将不完整的对话补充或选择补充完整,使之适应交际需要。辨错、改错检测掌握语言的熟巧和编辑能力;翻译是一种特殊的中介活动,检测综合运用语言能力和再创作能力。在语用测试中体现的不仅是外语的理解能力,还有母语的水平。外语测试中通常同时采用其中两种或三种测试方法，这样可以互相取长补短，全面考查学生的语言知识、应用语言知识的能力及交际能力。

4. 根据判卷形式划分

根据判卷的形式划分，外语教学测试的类型主要包含以下方面。

（1）主观测试。外语测试的主观测试是一种评估个体语言能力的方法，让评估者主观判断被测试者的语言水平和能力。与客观测试相比，主观测试更依赖评估者的主观判断和经验，往往需要较高水平的专业知识和经验才能有效进行评估。主观测试通常在语言学习、语言教育和语言研究等领域中得到应用，能够深入了解被测试者的语言应用能力和语言理解水平。然而，由于其依赖于评估者的主观判断，主观测试在一定程度上存在着主客观不一致性和评估标准不统一的问题，因此需要在测试过程中采取一系列措施以提高评估的客观性和准确性。

在外语教学的主观评估环节中，评估人员往往会运用多元化的评估手段和方法，包括但不限于口语对话、书面表达、听力材料解析以及阅读材料理解等，以期对被测试者的语言水平进行全面、客观的评估。评估者在进行主观测试时需要考虑多个方面，包括语法准确性、词汇丰富性、语言表达清晰性、语言流畅度、语境适应能力以及语用规范性等。评估者需要根据这些方面的综合考量，结合自身的专业知识和经验，对被测试者的语言能力进行综合评估和判断。此外，评估者还需要考虑到被测试者的文化背景、语言环境和个人特点等因素，以确保评估过程的公正性和客观性。

为了确保主观评估的客观性和准确性，评估者在进行相关测试时，必须严格遵循一系列经过科学验证的评估原则和方法。首先，评估者需要确立明确的评估标准和评估要求，明确评估的重点和目的；其次，评估者应该接受专业的评估培训和指导，以提高其评估能力和专业水平，进行评估时应当注重评估过程的透明性和公正性，避免主观偏见和个人偏好对评估结果产生影响；最后，评估者还可以采用多位评估者共同评估的方法，以降低单一评估者主观判断的影响，提高评估结果的客观性和可靠性。

在外语教学测试的主观评估过程中，评估者还需要充分尊重被测试者的个性和特点，积极倾听被测试者的语言表达，了解其语言应用的背景和情境，以便更准确地评估其语言能力和水平。评估者需要保持开放的心态和积极的沟通态度，与被测试者建立良好的沟通关系，倾听其意见和建议，以促进评估过程的顺利进行和评估结果的准确性。此外，评估者需确保及时给予评估反馈与建设性意见，协助被测者识别并提升自身语言优势，同时指出其语言运用上的不足之处，以促进其语言能力的全面发展与提升。

外语教学测试的主观评估方法在一定程度上能够深入了解被测试者的语言能力和水平，为语言教育和语言研究提供重要的数据支持。评估者在进行主观评估时需要遵循科学的评估原则和方法，注重评估过程的公正性和客观性，与被测试者建立良好的沟通关系，提供及时的评估反馈和建议，促进被测试者语言能力的全面提升和发展。

（2）客观测试。客观测试是指试题答案为标准化，是唯一的或固定的，不需要阅卷人根据自己的观点和水平决定赋分的测试。阅卷人不一定受过专业训练，采用阅卷机就可以完成阅卷工作。除单项选择题外，正误判断、配伍题以及单词拼写、动词填空、简短问答等书写题也属于客观试题。回答问题常被视为一种主观性测试题型，原因在于学生需实际书写外语单词。然而，这种语言输出方式并不具备实际的语言交际意义，故应归类于客观性测试题型，其答案固定，缺乏或鲜有协商空间。

总而言之，主客观试题的优势与不足均较明显，主观试题的优势是能考查语言的应用能力，命题相对简便，命题与教学紧密结合，测试结果给教学提供有用信息，测试效度比较好；不足是阅卷费时费力，对考生应答内容缺少控制，阅卷信度较差。客观性试题的优势是可以使用多个题目，内容覆盖面广，对所要检测的语言点有所控制，阅卷省时省力，评分公平信度高；不足是仅考查了识别能力，仅能间接提供语言能力信息，考查语言点的取样主观性强，题目制作困难，单项选择题干扰项有负面作用，测试效度偏低。

5. 根据评分标准划分

根据评分标准划分，语言测试主要包含以下方面。

（1）常模参照测试。语言常模参照测试是一种评估方法，旨在通过量化评估被测试者的语言能力，将其结果与标准化常模样本的平均水平或标准水平进行比较，以确定其在特定语言方面的相对表现水平，这种测试方法能够客观地揭示被测试者在语言能力方面的优势和不足，为针对性的语言学习和提高提供有效参考。

在常模参照测试中，常模是指在特定样本人群中得出的标准化得分，可以代表该人群在特定语言能力方面的平均水平或标准水平，这些常模样本通常包括具有代表性的大样本群体，其语言能力水平经过严格的统计分析和标准化处理，能够代表特定人群在特定语言能力方面的普遍水平。通过将被测试者的语言能力测试结果与这些常模样本进行比较，评估者可以更全面地了解被测试者的语言能力水平，确定其在特定语言方面的相对位置和发展潜力。

常模参照测试的设计与评估过程，必须严格遵循科学的评估原则与方法，以保障评估结果的科学与可靠性。首先，评估者需要选择具有代表性和可靠性的常模样本，确保其能够准确反映特定人群在特定语言能力方面的普遍水平；其次，评估者需要确立明确的评估标准和评估要求，明确评估的重点和目的，以便更准确地评估被测试者在特定语言能力方面的表现水平；最后，评估者需要使用科学的统计分析方法，对常模样本的数据进行综合分析和比较，以确定被测试者的语言能力水平在常模样本中的相对位置和优势劣势。

在常模参照测试的评估过程中，评估者通常会使用多种评估工具和方法，如标准化考试、量表评估和统计分析等，以全面客观地评估被测试者的语言能力水平。通过对常模样本数据的分析和比较，评估者可以更准确地了解被测试者的语言能力水平，为后续的教学指导和学习改进提供有力支持。经过对标准样本数据的缜密分析与对比，研究人员能够深入研讨不同人群在语言能力上的多样性及其特性，进而推动语言教育的革新与进步，助力语言政策的制定与执行。

（2）标准参照测试。标准参照测试是一种用于评估个体语言能力的测试方法，旨在通过与特定语言标准或语言能力标准进行比较，来确定被测试者的语言能力水平和发展潜力，这种测试方法通常通过对被测试者的语言知识、语法掌握、词汇量、语言应用能力和语言理解能力等方面进行全面评估，以确保其语言能力水平符合特定的语言标准要求。

在标准参照测试中，语言标准是指被测者当前所处的语言学习阶段或应用环境对其语言能力的具体要求，这些要求通常以语言水平或能力的标准为表现形式，这些标准主要由教育部门、语言教学机构或相关专业机构依据国家语言政策和语言教育目标制定，旨在准确反映特定语言学习阶段或应用环境中被测者的实际语言能力水平。首先，评估者需要了解和熟悉特定的语言标准或语言能力标准，明确其评估要求和评估标准，确保被测试者的语言能力评估与特定语言标准相匹配；其次，评估者需要使用科学的评估工具和方法，包括标准化考试、量表评估和语言能力测试等，以确保评估的客观性和可靠性，避免因主观因素对评估结果产生影响；最后，评估者需要采用科学的统计分析方法，对评估结果进行综合分析和比较，以确定被测试者在特定语言标准下的语言能力水平和发展潜力。

在标准参照测试的评估过程中，评估者通常会采用多种评估工具和方法相结合的方式进行评估。评估者可通过量化评估的方式，对被测试者的语法掌握程度、词汇量大小、语言应用能力和语言理解能力等维度进行全面考量，进而得出其在特定语言标准下的得分与排名，这一评估结果有助于确定被测试者在特定语言能力方面的相对位置及其发展潜力。通过对语言标准的深入理解和准确把握，评估者可以更准确地了解被测试者的语言能力水平，为后续的教学指导和学习改进提供有力支持。

（二）外语教学测试的评估原则

外语教学测试作为一种重要的评价手段，旨在全面、客观地评估个体的语言能力水平和语言学习效果。在外语测试的实施过程中，评估原则是保证测试质量和有效性的重要依据。评估原则涉及评测内容的选择、评测方法的设计、评测过程的实施以及评测结果的解释等多个方面，对保证评测结果的准确性和可靠性起着至关重要的作用。"语言测试主要是考察学习的结果，而语言评估更多的是关心语言学习的过程"[①]。语言测试的评估原则主要包含以下方面：

1. 科学性的评估原则

语言测试评估的科学性原则是指在外语教学测试评估过程中，评估者需要遵循科学的评测标准和评测方法，依据科学的评测理论和评测技术对被测者的语言能力进行客观、准确的评估，这一原则的核心在于确保评测过程的科学性和严谨性，以便更准确地了解被测者的语言能力水平，为个体的学习和发展提供有针对性的评测建议和指导。科学性的评估原则主要包含以下方面：

（1）评测标准的科学性。评测标准是衡量评测结果的重要依据，评估者需要依据科学的评测标准对被测者的语言能力水平进行评估，避免主观因素和个人偏见对评测结果产生影响。科学的评测标准应具有客观性和公正性，能够客观、准确地反映被测者的语言能力水平和语言学习效果。评估者可以

---

① 王伟，左国念，何霜，等. 应用语言学导论[M]. 武汉：中国地质大学出版社，2012：57.

根据语言能力的不同维度和不同等级制定相应的评测标准，以确保评测结果的科学性和可信度。

（2）评测理论的科学性。评测理论是评测过程的理论基础，评估者需要依据科学的评测理论来设计和实施评测方案，确保评测过程的科学性和严谨性。科学的评测理论应包括评测的基本原理和评测的基本方法，能够指导评估者合理选择评测内容和评测形式，以确保评测过程的科学性和可靠性。评估者可以通过深入研究评测理论和评测技术，不断提高评测能力和评测水平，以确保评测结果的准确性和可信度。

（3）评测技术的科学性。评测技术是评测过程的操作手段，评估者需要依据科学的评测技术来选择评测工具和评测设备，确保评测过程的科学性和有效性。科学的评测技术应包括先进的评测手段和先进的评测方法，能够为评估者提供便捷、高效的评测服务。

2. 多角度的评估原则

外语教学测试评估的多维度原则是指在语言测试过程中，评估者需考虑多个方面的要素和因素，以全面、多方位地评估被测者的语言能力水平，这些多维度原则不仅包括语言能力的多个方面，如听力、口语、阅读和写作等，还包括语言应用的多个场景，如日常生活、学术研究和职业发展等。在语言测试评估工作中，采用多维度原则，有助于评估者深入且全面地掌握被测者的语言能力特征，从而确保评估结果的精确性与可靠性。多维度的评估原则主要包含以下方面。

（1）对语言能力的多方位评估。语言能力作为一种复合型的能力，包括听力、口语、阅读和写作等多个方面，评估者在语言测试过程中需要通过不同的测试手段和测试方法来全面评估被测者的语言能力水平。例如，在听力测试中，可以通过听力材料和听力问题来考察被测者对语音、语调和语速等方面的理解能力；在口语测试中，可以通过口语任务和口语表达来考察被测者的口语交际能力和语言表达能力；在阅读测试中，可以通过阅读材料和阅读问题来考察被测者对文章内容的理解和推理能力；在写作测试中，可以通过写作任务和写作要求来考察被测者的语法、词汇和篇章结构等方面的掌握程度。

（2）对语言应用的多场景评估。随着社会的不断发展和全球化的加速推进，语言应用的场景日益多样化和复杂化，评估者在语言测试过程中需要考虑不同的语言应用场景，以全面了解被测者在不同场景下的语言应用能力。例如，在日常生活场景下，可以通过日常对话和日常交流来考察被测者的日常用语能力和交际能力；在学术研究场景下，可以通过学术论文和学术报告来考察被测者的学术写作能力和学术演讲能力；在职业发展场景下，可以通过职场交流和商务谈判来考察被测者的商务口语能力和职场应对能力。

（3）对评估结果的分析和评价。在语言测试评估的过程中，评估者需要将多个评估指标和多个评估结果进行综合分析和综合评价，以形成全面、客观的评估结论和评估建议。评估者可以通过多元统计分析和多因素比较分析等手段，对不同评估结果进行权衡和比较，以确定被测者的语言能力水平和语言学习效果。评估者将以综合评价报告和综合评估建议等形式，向被测者提供个性化的评估建议和改进意见，旨在协助被测者更全面地认识自身的语言能力特点，并据此制订具有针对性的学习计划和策略，从而优化学习效果。

3. 实用性的评估原则

语言测试评估的实用性原则是指在语言测试评估过程中，评估者需注重评测结果的实际应用价值和实际应用功能，以便为被测者提供有针对性的评测建议和指导，能够保证评估结果之实用性与适用性，从而充分满足受评者之需求与要求，为个体学习与成长提供精准有效的评估支持。实用性的评估原则主要包含以下方面。

（1）评测结果的实际应用。评测结果是评测过程的重要产出，评估者需要将评测结果与实际应用场景相结合，确保评测结果能够为被测者的学习和发展提供有针对性的指导和支持。评估者还可以通过实际案例和实际教材，向被测者展示评测结果的应用效果和应用价值，帮助被测者更好地理解评测结果的意义和作用。

（2）评测建议的实际功能。评测建议是评测过程的重要内容，评估者需要根据评测结果提出具体的评测建议和改进措施，帮助被测者更全面地了解自己的语言能力特点和语言学习效果，制定有针对性的学习计划和学习策略。经过精心策划与组织，评估者能够依据被测者的实际情况，提供具有针对性的分层次建议和分阶段指导。通过这些个性化的建议与指导，被测者可以明确自身的学习目标，从而增强学习动力，实现自我提升。评估者还可以通过个性化辅导和个性化指导，帮助被测者克服学习障碍和改善学习效果，提高学习成绩和提高学习能力。

（3）评测效果的实际效用。评测效果是评测过程的重要结果，评估者需要根据评测结果和评测建议评估评测效果和评估效果，以确定评测过程的实际效用和实际效果。评估者可以通过定期跟踪和定期反馈，了解被测者的学习情况和学习进展，及时调整评测策略和调整评测方法，以提高评测效果和提高评测效能。评测人员可借助实际案例与具体应用场景，展现评测结果的实效性与实用价值，进而协助被测者深入理解评测效果的深远意义及其发挥的重要作用。

总而言之，外语教学测试的评估原则是多维度、科学的和实用的，其作用在于保证评测结果的准确性和可靠性，为个体的学习和发展提供有针对性的评测建议和指导。在实际应用中，需要注重评估原则的全面性、客观性和公正性，以确保评测结果的准确性和可靠性；注重评估原则的科学性和可靠性，以确保评测结果的客观性和可靠性；注重评估原则的实用性和适用性，以确保评测结果的有效性和适用性。

第二节　外语教学的影响因素

外语教学作为跨文化交流与知识传递的桥梁，一直是教育领域的重要研究议题。然而，其成效并非仅由单一因素决定，而是受到多种复杂因素的影响。了解和把握多种影响因素，有助于外语教学者更好地制定教学策略，提高教学质量，使学生能够更有效地习得外语。外语教学的影响因素主要包括以下方面。

一、社会环境对外语教学的影响

社会环境对外语教学的影响是多方面而深远的，主要包括以下方面：

第一，社会文化背景。不同文化背景下的学生对外语学习的态度、动机和期望存在较大差异，这就要求外语教师具备较高的跨文化交际能力，能够根据学生的文化背景调整教学策略，激发学生的学习兴趣。此外，社会语言环境也是影响外语学习效果的关键因素。"目的语的社会功能越强、国际地位越高，学习者的学习动机就越强；如果目的语的社会功能和国际地位不及母语，那么学习者的学习积极性就会受到影响"[①]。在一个外语交流氛围浓厚的社会环境中，学生更容易接触到外语并获得实践机会，从而提高语言应用能力。

第二，社会经济因素。经济发展水平和社会财富水平的不同会直接影响到外语教学资源的分配和学生的外语学习条件。在经济相对发达的地区，学校和机构可能会投入更多的资源用于外语教学，提供更好的教学设施和师资力量，从而提高教学质量。

第三，科技的发展。随着互联网和信息技术的普及，学生可以更方便地获取到丰富的外语学习资源，如在线课程、语言学习应用程序等，这些新技术的应用为外语教学提供了更多元化和个性化的选择，同时也拓展了学生的学习渠道和方式。

二、学校环境对外语教学的影响

学校环境作为外语教学的直接场所，包括硬件设施、师资力量以及课程设置等要素，它对于教学效果的深远影响不容忽视。在外语教学中，应充分重视学校环境的建设和完善，为外语教学提供有力的支持和保障，主要包括以下方面：

第一，硬件设施作为保障外语教学质量的基础，对于提升学生的学习兴趣和效率至关重要。现代化的教学设备，如多媒体教室、语言实验室等，为学生提供了更多元化、更贴近实际的语言实践机会。例如，多媒体教室的丰富教学资源可以让学生直观地了解外语国家的文化、历史和社会现状，从而增强对外语学习的兴趣。而语言实验室则为学生提供了模拟真实语境的练习环境，让学生在实践中掌握外语的听、说、读、写能力。此外，舒适的学习环境也是提高学生学习效率的重要因素。一个安静、整洁、明亮的教室，能够让学生更好地专注于学习，提高学习效果。

第二，师资力量是外语教学的核心。优秀的外语教师不仅具备扎实的语言基础和教学能力，更需具备丰富的教学经验和跨文化交际能力。他们能够根据学生的实际情况，制订个性化的教学计划，灵活运用各种教学方法和手段，帮助学生克服学习困难，提高学习效果。同时，教师的教学态度和职业

[①] 方静，王瑞琪，冯凌云. 外语教学与模式研究 [M]. 长春：吉林人民出版社，2021：76.

素养也对学生产生深远的影响。一位敬业、热情、耐心的教师，能够激发学生的学习热情，树立学习信心，从而取得更好的学习效果。

第三，课程设置是影响外语教学效果的关键因素。合理的课程设置应充分考虑学生的语言水平、学习需求和学习兴趣，注重培养学生的语言应用能力和跨文化交际能力。在课程设置中，应注重培养学生的实际运用能力，如口语表达能力、听力理解能力、阅读理解能力等。同时，课程内容的更新和教学方法的创新也是提高外语教学质量的关键。随着社会的不断发展和科技的进步，外语教学方法和手段也在不断更新换代。外语教师应关注最新的教学理念和技术手段，将其应用到实际教学中，以提高教学效果。

三、学生个体差异对外语教学影响

学生在外语教学中扮演着至关重要的角色，因为他们的个体差异直接影响着教学的成效。学生个体差异对外语教学影响主要包括以下方面：

第一，学生的语言基础和学习能力是外语学习成效的主要决定因素。那些具备扎实语言基础和较强学习能力的学生通常能够更快地取得进步，而那些基础薄弱、学习能力较弱的学生则需要更多的支持和指导。因此，教师需要根据学生的实际情况制订个性化的教学计划，灵活运用不同的教学方法，以满足不同学生的需求，并帮助他们充分发挥潜力。

第二，学生的学习动机和兴趣对外语学习的效果起着重要作用。那些具有强烈学习动机和浓厚兴趣的学生通常更加投入和积极，从而取得更好的学习成绩。因此，教师应注重激发学生的学习兴趣和动机，采用多样化的教学手段和活动，营造出积极的学习氛围，从而提高学生的学习积极性和参与度。

第三，学生的性格特点和心理状态会对外语学习产生一定的影响。那些性格开朗、自信乐观的学生通常更容易适应新环境和应对挑战；而性格内向、自卑焦虑的学生可能会面临更多的学习障碍。因此，教师需要关注学生的心理健康和成长需求，为他们提供必要的心理支持和辅导，帮助他们建立积极的学习态度和自信心。

四、教学方法与手段对外语教学的影响

教学方法与手段在外语教学中占据着举足轻重的地位，它们不仅是实现教学目标的关键途径，更是影响教学效果的重要因素。随着教育理念的逐步

更新以及科技的高速发展，外语教学领域不断涌现出众多的教学方法和手段，这些新的尝试不仅丰富了教学手段，也极大地提升了教学效果。教学方法与手段对外语教学影响主要包括以下方面：

第一，教学方法的变革。任务型教学法、交际教学法、情境教学法等多样化的教学方法在外语教学中得到了广泛应用。任务型教学法强调通过完成实际任务来培养学生的语言应用能力，使学生在实践中学习和掌握语言知识。交际教学法则注重培养学生的交际能力，通过模拟真实交际场景，让学生在互动中提升口语表达和沟通能力。情境教学法则是将语言学习与具体情境相结合，使学生在特定的情境中学习语言，更易于理解和记忆，这些教学方法的应用，极大地激发了学生的学习兴趣和积极性，使得学习充满趣味性和实用性。

第二，教学手段的革新为外语教学注入了新的活力。多媒体技术、网络教学资源等现代教学手段的运用，使得外语教学更加生动、形象、有趣。多媒体技术可以通过图片、音频、视频等多种形式展示语言知识，使得学习更加直观和易于理解。网络教学资源则为学生提供了丰富的学习材料和实践机会，使得学习不再局限于课堂，而是可以随时随地进行。

教学方法与手段的选择并非固定的，而是需要根据具体的教学内容和学生的实际情况进行灵活调整。不同的教学方法和手段各有优劣，外语教师应根据教学目标和学生的需求进行选择和组合，以达到最佳的教学效果。例如，对于初学者，可能更需要通过多媒体手段进行直观的教学；而对于高级学习者，则可能更需要通过交际和情境教学法进行实践和应用。教师应关注最新的教学理念和技术手段的发展动态，不断更新自己的教学方法和手段。随着科技的进步，新的教学手段和工具不断涌现，外语教师应积极学习和掌握这些新技术，以便更好地服务于教学。同时，教师还应不断反思和总结自己的教学实践，探索更加有效的教学方法和手段，以适应时代的发展和学生的需求。因此，外语教师应根据具体情况灵活选择和应用不同的教学方法和手段，以激发学生的学习兴趣和积极性，提高学生的语言应用能力和交际能力。同时，教师还应不断更新自己的教学理念和技术手段，以适应时代的发展和学生的需求，为培养具有国际视野和跨文化交际能力的人才作出贡献。

第三节　外语教学的基本方法

教学方法是教师教的方法与学生学的方法的总称，它是一个兼顾教学内容、学生特点、教师特点、教学环境等多个变量，内含学习过程、教学过程和评价/反思过程，彼此间密切联系的综合过程。在外语教学实践中，教学方法的选择要博采众长，不拘于形式，合理选择，基本的教学方法包括以下方面。

一、外语教学的讲授法

讲授法是教师运用口头语言系统连贯地向学生传授知识的方法，它包括讲述、讲解、讲读和讲演等诸种教学方法。其中，讲述是指教师用生动形象的语言，向学生详细地叙述事实材料，或者描述学习对象；讲解是指教师对某些概念、原则、定理等加以解释、分析和论证；讲读是指教师在讲解、讲述过程中结合指导学生阅读教科书；讲演是指教师既向学生描述事实，又深入分析和论证事实，从而导出科学结论。"讲授法是教学的基本方法，它主要通过教师整合各种来源的信息，然后较为完整系统地传达给学生"[1]。

一般而言，讲授法具有一定的优越性：①可以在短时间内，向许多学生传递大量的信息；②有助于学生精确地理解概念、批判地对待知识；③适用于介绍新主题或提供背景信息；④教师有机会看出混淆之处然后有针对性地解决。

需要注意的是，讲授法也存在一些不足之处：①讲授法使学生处于被动地位，不利于他们提问和思考问题；②学生连续集中注意力的时间长短有差别；③学生领会问题的能力与速度不同，而讲授法总是按照讲授者的进度进行；④讲授的某些内容也可以通过课本或书面材料来传递。

因此，教师在外语教学过程中使用讲授法时，要注意：①讲授内容要力求达到科学性和思想性的统一，要顾及学生的原有知识基础；讲述过程要注重组织性与逻辑性的统一，语言要简洁、准确、生动、易懂，论述要条理清楚，层次分明，重点突出，使学生能够简单清楚地掌握相关知识。②一堂课

---

[1] 刘莉. 外语教学与语言文化 [M]. 北京：九州出版社，2017：56.

中要注重多种教学方法并用,其中讲授法使用的时间不宜过长。人们维持有意注意的时间是有限的,如果超出这一时间限度,学生注意力就会转移,上课就会分心,有时还会诱发问题行为。③在授课过程中要注意讲授内容与时间的比例安排,不宜在过短的时间内呈现过多的新知识,如果超出学生的信息接受与理解限度,则会降低教学有效性。

二、外语教学的谈话法

谈话法是教师根据学生已有的知识或经验提问学生,并引导学生经过思考对所提问题自己得出结论,从而获得知识、发展能力的教学方法。谈话法是一种有效的教学方法,以教师提问为主导,旨在激发学生的思考并鼓励他们积极回答。通过这一方式,师生间形成了一种双向信息交流机制。教师能够从学生的回答中收集到宝贵的教学反馈,进而调整教学策略;而学生也能从教师对问题回答的总结和评价中,获得针对性的反馈和指导,以促进自身的学习进步。

根据教学任务的不同,谈话法可以分为三种类型:①传授新知识的谈话,教师在讲授某一新课题时,在对教材内容进行分析和综合的基础上,可以借助于一系列的提问引导学生运用已有知识去一个一个地解决。②指导和总结性谈话,教师在正式讲授知识之前或之后与学生进行谈话式交流,目的在于帮助学生明确学习活动的目的和内容,指导学生顺利地完成独立作业;③复习和巩固旧知识的谈话,教师根据已传授知识的内容与重点进行提问,要求学生进行回答,目的是让学生巩固和加深已有知识,并检查学生的知识掌握情况。

教师在外语教学过程中运用谈话法时,应注意:①根据教材的内容、教学对象的特点和授课情况等条件,做好充分的课前准备,明确要提出的问题以及提问的顺序,制订详细的提纲以更好地引导学生去回答这些问题;②所提问题要明确具体、难度适中,遵循从易到难、由浅入深的顺序,而且所提的问题要面向所有的学生,使全体学生都能够积极思考;③在回答每个问题后,教师需要进行全面总结。总结不仅应涵盖问题的内容和答案,还需针对学生在回答过程中的表现进行细致评价。对于回答正确的部分,教师应给予明确的肯定和表扬,以激发学生的积极性;对于回答错误的部分,教师需及时纠正并提供鼓励,以帮助学生建立正确的认知;对于回答中遗漏的部分,教师应进行补充和提示,以确保学生全面掌握相关知识。

三、外语教学的讨论法

讨论法是学生根据教师所提出的问题，直接参与讨论学习，在集体中相互交流、相互启发、相互学习的一种教学方法。讨论法与谈话法有些相似，都是由教师提出问题，听学生回答，由此获得反馈信息。但在讨论法中，学生是讨论的主体和主要参与者，教师仅是一个协调者、组织者、引导者的次要角色，以保证学生的讨论不离题，并能够得出正确的结论。在外语教学中，讨论法一般适用于以下两种情况：①当问题的答案不止一种时；②当问题只有一个正确的答案，但是涉及的知识和概念较多，需要学生从多角度进行考虑时。通常情况下，讨论法采取全班讨论和分组讨论两种主要形式。

外语教学的讨论法是以学生和讨论题目为中心，参加讨论的学生都有发表自己的见解、聆听别人的意见以及与不同意见进行论证的机会，这有利于发挥学生的独立思考和分析、解决问题的能力。讨论法可以帮助学生勇于表达自己的观点，并在讨论中不断修正自己的看法，培养学生听取他人意见并从不同角度看问题的能力，对他人的不同看法学会用事实和论据来有效地说服别人，这种教学方法有助于提高学生灵活运用知识的能力。但是同时也应该看到，讨论法也有其局限性：①由于讨论要求学生具有一定的知识和经验基础，所以在高年级中比较适用；②讨论的进程很难预测，对教师掌控局面的能力要求较高；③讨论虽然有助于学生在发言中获得知识，但是从同学的发言中获得的知识一般比较零碎，缺乏系统性，甚至有些发言还会存在一些错误；④学生参与讨论的积极性各不相同，学生的知识背景也有差异，容易造成一部分学生热情参与讨论，另一部分学生置身局外。因此，教师要慎重使用讨论法。

在外语教学过程中运用讨论法时，教师要掌握以下要领：①讨论前，师生双方都要做好相关的充分准备。教师要把讨论课题提前告诉学生，并向学生布置好准备任务，让学生按要求做好发言准备。②讨论议题要简明，而且要深浅得当，让学生感兴趣又有言可发，鼓励学生大胆发言，普遍发言。③讨论中教师要进行适当的监控与引导，注意让学生的讨论围绕课题的中心，而不要离题，同时教师在讨论中要注意用适当的问题引导学生的讨论步步深入。④讨论结束后要进行总结，阐明正确的看法，评定讨论中的优缺点，对有争议的问题进行合理疏导。

四、外语教学的阅读指导法

阅读指导法又被称为"读书指导法"，是指教师指导学生通过阅读教科书、参考书和其他书籍来获得知识、扩充知识面、掌握阅读方法和技能、发展认知能力的教学方法。外语教学的阅读指导不仅指课堂上的阅读指导，也包括课外的阅读指导，即一方面在讲课前后利用教材预习和复习；另一方面又要根据教学需要和学生的兴趣爱好，向学生推荐好书，以培养良好的阅读理解能力。在外语教学过程中运用阅读指导法，教师应注意以下基本要求：①指导学生有目的、有计划地读书，教师要有意地培养学生读书的兴趣，通过有计划地读书来扩大知识面，丰富知识，提高学生解决实际问题的能力。②对学生的读书方法进行指导。教会学生正确的读书方法，以此帮助学生养成良好的阅读习惯。③根据教学需要和学生的兴趣爱好，有目的地向学生推荐好书。

五、外语教学的先学后导教学法

外语教学的先学后导教学法是根据外语教学的规律和特点，以培养学生的学习兴趣和自学能力为重心，从"先导后学"逐渐过渡到"先学后导"的一种教学方法。一般而言，在外语教学的初级阶段，采取"先导后学"的教学方式，即以教师辅导为主，学生学习为辅。按照精讲—自学—演练三个程序进行教学。在外语学习的初始阶段，学生的语言能力有限，主要依赖于独立地阅读生词、词组和句子。需要注意的是，这种学习方式在理解和吸收新知识时存在较大的难度。因此，教师的角色显得至关重要。他们需要首先进行详尽的讲解，提供范文作为参考，以便帮助学生克服自学过程中的障碍，为他们的进一步学习奠定坚实的基础。在学习达到一定阶段后，学生已逐步具备自学能力，就可以采用以学生自学为主，教师引导为辅的"先学后导"式教学方法。

第一，自学。学生先自学，通过互相研究、讨论找出疑难问题。与此同时，教师要巡回视察，及时发现并归纳学生自学中提出的问题，补充修正已准备好的讲课内容。

第二，精讲。先由教师领读课文，并精讲难点和重点。为了使学生能够正确、熟练地阅读课文，教师要反复领读课文，并要求学生反复练习，在此基础上进行普遍提问，检查学生朗读课文的情况。

第三，演练。教师讲完后，要布置学生做课堂练习和课外练习。在做练习前，教师要精讲练习中的生词和语法知识。学生做完练习后，教师要采取提问或宣布练习答案的办法让学生检查，核对自己的答案是否正确。课外作业做完后，由教师批改，以便学生及时更正。

先学后导教学法切实遵循外语教学的客观规律，有效推动了教学重心由教师主导转向学生主体。此方法不仅充分展现了教师在教学过程中的引导作用，同时也极大激发了学生的学习热情和自主性，引导他们的思维达到最佳活跃状态。通过这一转变，教学质量得以显著提升。

第四节 外语教学的教学计划与大纲

一、外语教学的教学计划

外语教学的教学计划是指为达到特定的外语教学目标而设计和实施的一系列系统性教学活动和课程安排，这些计划旨在促进学生的语言学习和交流能力，培养他们的语言技能和跨文化交际能力。一个有效的外语教学计划应当考虑到学生的学习需求和水平、课程目标、教学资源以及评估方法等方面，从而确保教学过程的系统性、科学性和可操作性。

（一）学习需求与现有水平

在外语教学中，教学计划的设计与实施是确保教学质量与效果的关键因素，这一计划不仅需要考虑课程的整体框架，还需紧密结合学生的个体差异，针对其学习需求和现有水平进行精细化设计。由于学生的外语水平参差不齐，学习需求也各具特色。初学者往往缺乏基本的语言技能，对于语音、词汇、语法等基础知识的掌握至关重要。因此，针对这部分学生的教学计划，应着重于基础训练，通过大量听说读写练习，帮助他们建立坚实的语言基础。而对于已经具备一定外语水平的高级学生，他们的需求则更为复杂和多元化。除了继续深化语言知识的学习，更应注重提升他们的语言运用能力，包括口语表达、写作技能以及批判性思维能力等。同时，跨文化交际技巧的培养也显得尤为重要，这有助于他们在全球化背景下更好地理解和适应不同文化环境。因此，外语教学计划的设计应充分考虑到学生的个体差异和学习需求，通过个性化的教学内容和方式，确保每个学生都能在外语学习中取得长足的进步，这既是对教学质量的保障，也是对学生个性化发展的尊重。

（二）教学活动与课程内容

外语教学计划的设计与实施是一项既需严谨性又需灵活性的任务。在这一过程中，合理安排教学活动和课程内容显得尤为重要。外语教学计划中的教学活动和课程内容应当经过精心设计和合理安排，以确保学生在轻松愉快的氛围中有效地掌握外语知识，提升外语运用能力。

第一，教学活动作为外语教学计划的核心组成部分，其形式应多元化且相互补充。听力训练旨在提升学生的听力理解能力，口语练习则有助于提高学生用外语进行表达和交流的能力。阅读理解可以拓宽学生的视野，增强他们的阅读技巧，而写作训练则能够培养学生的书面表达能力。此外，语法练习和词汇扩展也是必不可少的环节，它们构成了语言学习的基础，有助于巩固学生的语言基础，提升语言运用的准确性。

第二，课程内容的设置应紧密结合教学目标和学生的兴趣。课程内容既要体现外语学习的系统性，确保学生能够循序渐进地掌握语言知识，又要注重内容的趣味性，以激发学生的学习兴趣和动力。在课程内容的选择上，可以融入相关文化元素，帮助学生了解外语国家的文化背景，增强跨文化交流的能力。

（三）教学资源与教学软件

外语教学计划的制定需要充分考虑利用各种教学资源和软件，以确保教学的效果和吸引力。随着现代技术的迅猛发展，外语教学领域也迎来了丰富多样的资源和工具，包括多媒体课件、网络资源以及语言学习软件等，这些技术工具为教师提供了更多的选择和可能性，能够以更生动、更丰富的方式呈现教学内容，从而激发学生的学习兴趣，提高教学效果。

第一，多媒体课件。通过多媒体课件，教师可以将文字、图片、音频和视频等多种媒体形式结合起来，形成生动直观的教学内容，使学生更容易理解和接受所学知识。比如，在教学单词和短语时，教师可以通过多媒体展示单词的发音和相关图片，帮助学生建立起直观的联想，提高词汇记忆效果。

第二，网络资源。教师可以利用互联网上丰富的资源，如在线课程、学术论文、语言交流平台等，为学生提供更广阔的学习空间和更多元化的学习体验。通过参与在线讨论、阅读外文资料等活动，学生不仅可以提高语言水平，还能够了解到更多有关外语国家文化和社会的信息，拓展自己的视野和知识面。

第三，语言学习软件。现如今，市面上涌现出了许多针对不同语种和不同水平学习者的语言学习软件，它们通常结合了听、说、读、写等多种学习方式，并通过智能化的算法和个性化的学习路径，为学生量身定制学习计划，帮助他们高效地提升语言能力。"现代教育技术能应用数据分析和智能化系统，对学生的学习情况进行评估和分析，从而为学生量身定制个性化的学习计划和学习过程"①。

（四）教学计划的评估机制

外语教学计划的有效实施，离不开一套完善的评估机制。评估作为教学过程的核心环节，对于教师而言，具有极其重要的参考价值。通过评估，教师能够深入了解学生的学习状况，把握学生的学习进度，进而有针对性地调整教学策略和方法，以提升教学效果。

第一，评估机制应当具有全面性和多样性，以确保能够全方位、多角度地反映学生的外语学习情况。在评估内容上，可以涵盖课堂表现、作业完成情况以及考试成绩等多个维度。课堂表现能够直观反映学生在课堂上的积极参与程度和对知识的掌握情况；作业完成情况则能够体现学生在课后的自主学习能力和对知识的巩固效果；而考试成绩则是对学生外语学习成果的一次综合性检验。

第二，在评估形式上，需要采用多种手段，以适应不同学生的学习特点和需求。定期测验能够帮助学生及时复习和巩固所学知识；口语表达能够锻炼学生的口语表达能力和语言运用能力；写作任务则能够提升学生的写作水平和逻辑思维能力。通过这样一套全面、多样的评估机制，可以更加准确地评价学生的外语水平和能力发展情况，为外语教学的持续改进提供有力支持。同时，也能够激发学生的学习兴趣和积极性，促进他们的全面发展。

---

① 何虹柳. 现代教育技术在高校外语教学中的应用研究 [J]. 学周刊，2024（10）：109.

总而言之，一个成功的外语教学计划应当是系统性、科学性和灵活性兼备的。通过合理设置教学目标、个性化设计教学内容、多样化安排教学活动、充分利用教学资源和建立有效的评估机制，可以更好地促进学生的语言学习和交流能力，提高教学效果，实现教育教学目标的最大化。

二、外语教学的教学大纲

外语教学的教学大纲是指规划和组织外语教学活动的一项重要文献，它旨在指导教师和学生在特定语言学习环境中达成既定的学习目标。外语教学大纲作为一个系统性的教学指导文件，在外语教育中扮演着举足轻重的角色，它不仅为教师提供了明确的教学方向，还为学生规划了清晰的学习路径。

（一）外语教学大纲的组成部分

外语教学大纲是一份详尽的文件，它系统地描述了外语课程的各个组成部分，包括学习目标、教学内容、教学方法以及评估方式等，这些内容相互关联，共同构成了一个完整的教学体系。在教学目标的设定上，大纲通常会根据学生的年龄、语言水平以及学习需求，制定出明确、具体的学习目标，这些目标既有短期内的阶段性目标，也有长期的整体性目标，旨在全面提升学生的外语能力。

在教学内容的选择上，外语教学大纲注重知识的系统性和连贯性，通常会根据语言的实际使用情况，选取具有代表性的语言材料，通过听、说、读、写等多元化的教学活动，使学生能够全面、深入地掌握外语知识。此外，大纲还会关注教学方法的选择与运用，提倡多样化的教学方法，如任务型教学、合作学习等，以激发学生的学习兴趣，提高教学效果。评估方式作为大纲的重要组成部分，也是衡量教学效果的重要手段。外语教学大纲通常会制定多元化的评估方式，包括形成性评估和终结性评估，以便更全面地了解学生的学习情况，为教学提供及时的反馈。

（二）外语教学大纲的制定原则

制定外语教学大纲需要遵循一系列原则，以确保其科学性和实用性，主要包括以下方面：

第一，可行性原则，这意味着大纲的内容和目标必须建立在现实教学条件的基础上，确保在实际教学中能够得到有效的实施。在制定大纲时，需要充分考虑学校的教学资源、教师的教学能力以及学生的实际情况，确保大纲的可行性和可操作性。

第二，灵活性原则，随着时代的进步和社会的发展，外语教学的环境和条件也在不断变化。因此，大纲需要具有一定的灵活性，能够根据实际情况进行调整和优化，这要求大纲的制定者具备前瞻性的眼光和灵活的思维方式，能够根据教学环境的变化及时对大纲进行修订和完善。

第三，科学性原则，强调大纲的内容和结构必须符合语言学习的科学原理。在制定大纲时，需要遵循语言学习的规律，注重知识的系统性和连贯性，同时也要关注学生的实际需求和兴趣点，使大纲更加符合学生的学习特点和发展规律。

第四，前瞻性原则，要求大纲能够具有一定的前瞻性和创新性。随着全球化的不断深入和国际交流的日益频繁，外语教育面临着新的挑战和机遇。因此，大纲的制定者需要具备前瞻性的视野，关注外语教育的最新动态和发展趋势，将新的教学理念和方法融入大纲中，以适应社会发展和教育改革的需要。

（三）外语教学大纲的实践策略

实施外语教学大纲的实践策略是一个复杂且系统的过程，它涵盖了教师的角色定位、学生的主体地位、教学资源的优化利用以及教学管理的科学管理等多个层面。这些策略相互交织，共同构成了外语教学实践的框架，主要包括以下方面：

第一，教师的角色定位。教师应积极发挥引导者和组织者的角色，不仅传授知识，更要引导学生主动思考和探索。在教学过程中，教师应根据学生的学习特点和需求，合理安排教学内容和教学活动，确保教学目标的顺利实现。同时，教师还应激发学生的学习兴趣和潜能，通过创设积极的学习氛围，引导学生主动参与学习，提高学习效果。

第二，学生的主体地位。学生作为学习的主体，应积极主动地参与学习活动，发挥自己的主观能动性。在学习过程中，学生应提高语言学习的自觉性和主动性，通过自主学习、合作学习等方式，积极寻求解决问题的途径，从而更好地实现学习目标。此外，学生还应注重培养自己的语言运用能力和跨文化交际能力，为未来的职业发展和社会交往打下坚实基础。

第三，教学资源的优化利用。教师应充分利用各种教学资源，包括教材、多媒体设备、网络资源等，以提高教学效果和质量。通过利用现代技术手段，教师可以为学生提供更加丰富、多样的学习材料和学习方式，激发学生的学习兴趣，提高学习效率。

第四，教学管理的科学管理。教学管理包括课堂管理、学生管理、教学评估等多个方面。在教学过程中，教师应注重课堂纪律的维护和学生行为的规范，确保教学活动的有序进行；加强对学生学习情况的关注，及时给予指导和帮助；建立科学的教学评估体系，对学生的学习成果进行客观、公正的评价，以便及时调整教学策略，提高教学效果。

总而言之，外语教学大纲是一份重要的教学要求，它不仅能够指导教师和学生进行有效的教学与学习，也能够为外语教学的质量和效果提供保障。因此，教师应该重视外语教学大纲的制定和实施，不断完善和优化大纲内容和教学策略，以促进外语教学工作的健康发展和学生语言能力的全面提升。

第二章 外语教学的实践路径

第一节 任务型外语教学

一、任务型外语教学的要素

任务型语言教学的核心思想是要模拟学习者在生活中运用语言所从事的各类活动,把语言教学与学习者在今后日常生活中的语言应用相结合。任务型语言教学理论认为,要培养学习者在真实生活中运用语言的能力,就应该让学习者在教学活动中参与和完成真实的生活任务,在完成任务的过程中,学习者运用目的语进行理解、交际,他们的注意力集中在意义上,而不是语言形式上。任务都涉及语言的实际运用。任务型语言学习中的任务与真实生活中的任务有很多相似之处,根据其相似程度可分为"目标性任务或真实世界的任务"和"教育性任务"。任务型课堂教学就是把课堂活动任务化。在实际课堂教学中,一个一个的任务串起若干活动,这些活动既有任务的特征又有练习的特征;有些活动可能有多个步骤,其中有些步骤更接近任务,而有些步骤可能更接近练习。采用任务型语言教学途径不能否认练习对语言学习的作用。练习是完成任务所开展的系列活动中的某一个步骤,是围绕语言项目本身进行的一些复习、巩固语言知识的活动,只有语言的结果。而在完成任务过程中,学习者围绕一个具体的目标,分步骤做事情,任务有一个非语言结果。

(一)任务型外语教学的理论

1. 二语习得理论

任务型外语教学的二语习得理论是一个广泛而深入的教育研究领域，它涉及了语言学习、教学方法和认知心理学等多个学科。该理论主张在外语教学中，通过设计真实、有意义的任务来促进学生的二语习得过程，从而提高他们的语言运用能力和跨文化交际能力。

任务型外语教学的核心在于"任务"，这些任务通常模拟真实生活场景，要求学生运用所学的语言知识来完成特定的交际目标，这样的教学方式不仅有助于激发学生的学习兴趣和积极性，更能够使他们在完成任务的过程中自然而然地掌握语言。通过参与任务，学生能够锻炼自己的听、说、读、写能力，提高语言运用的准确性和流利性。

在二语习得理论中，任务型教学法强调了语言学习的社会性和互动性，该教学法认为语言是在社会交际中习得的，因此通过与他人合作完成任务，学生能够在实践中学习语言，更好地理解和运用语言。任务型教学法还关注学生的认知过程，鼓励学生通过探索、发现和解决问题来发展自己的语言能力。与此同时，任务型外语教学与二语习得理论紧密结合，共同促进了外语教学的发展。二语习得理论揭示了语言学习的内在机制和规律，为任务型教学提供了理论支持和实践指导。而任务型教学法则通过实践验证了二语习得理论的有效性，进一步推动了外语教学的创新和发展。

总而言之，任务型外语教学的二语习得理论是一种先进、有效的外语教学方法，它强调真实、有意义的任务设计，注重学生的参与和互动，关注学生的认知过程，旨在提高学生的语言运用能力和跨文化交际能力。在未来的外语教学中，任务型教学法将继续发挥重要作用，为培养具有全球视野和跨文化交际能力的人才作出更大的贡献。

2. 认知—建构理论

认知理论认为在传统的语言学习活动中，学习者过分关注语言形式，这不能促进语言能力和言语能力的全面发展。学习者只有把注意力合理地分配到语言理解和语言表达等方面，才能够全面发展语言能力和言语能力。任务型语言学习法是一种通过实际交际活动，融合语法规则和语言功能的学习方式。在学习过程中，学习者积极参与输入输出活动，广泛接触语言，从而构建稳固的言语系统，全面促进语言能力和言语能力的发展。

社会建构理论认为学习是社会活动和合作活动，知识是由学习者个人自己构建的，不是被他人传授的，这种构建发生在与他人交往的环境中，是体验、发现、重组和创造的过程。由于任务的真实自然，容易激活学习者的已有知识，又由于任务具有问题解决的特性，必然激活学习者的求知欲，学习者在参与活动、完成任务的过程中，促进了新信息与已有知识的交替更新、整合重组，进而完成新知识的自我建构，促进语言能力的内化。任务型语言学习旨在通过为学习者创造更多参与具有实际交际意义活动的机会，以引导他们主动发现、解决和建构语言知识和技能。

（二）任务型语言教学的作用

从语言观及语言学习观的角度，任务型语言教学途径所倡导的正是语言习得所需要的，即大量的语言输入与输出、语言的真实运用以及学习者内在动机的最大化。具体表现在以下方面：

第一，任务型语言教学倡导学习者用语言做事情，在做中学、用中学，避免了传统语言教学中过分关注语言形式、语言结构、重知识传授而忽视语言意义、语言功能、语言实践以及语言与文化的关系等问题。因此，任务型语言教学有助于学习者综合语言运用能力的形成。

第二，任务性语言教学途径倡导学习者的参与、创造、归纳、整合等学习方式，有较多的人际交往，在交流中，每个人都承担一个角色，并与他人合作，这有利于发展学习者的综合素质，提高他们的策略意识，增强责任感，培养合作精神。

第三，任务型语言教学倡导学习者的双边或多边的语言交流活动，在活动中，学习者使用目的语作为交流工具，有利于学习者把课堂内所学到的东西迁移到实际生活中，顺利进行语言交际；同时也让学习者看到成就、体验成功，有利于激发学习者的学习动机、兴趣、自觉性、求知欲。

（三）任务型外语教学的特征

第一，教学内容的真实性，教学活动的多样性。教学内容的真实性是指学习的语言材料来源于学习者的真实生活，贴近学习者的生活实际。活动的多样性主要体现活动的层次，在初始阶段，要有机械性、意义性的操练活动，如模仿练习、问答练习；在中、高段，要有运用性的练习活动，如采访、角色扮演、讨论、问题解决等。

第二，循序渐进的任务链。在传统的语言教学课堂中有活动步骤，但是活动步骤间缺乏联系。任务型语言教学的课堂是由一个一个任务串起的，任务的排列顺序是根据任务的难易度来排列的，先易后难，先简后繁，任务与任务之间存在着相依性、层递性、连续性、涵盖性的特征，遵循由简单到复杂、由单一到综合、由输入到输出、由学习到生活、由初级到高级，高级又涵盖初级的链式循环发展规律。每个任务下串起各项活动，使各项活动间具有有机联系。

第三，兼顾语言知识结构与交际功能，兼顾语言的准确性与流利性和综合性。"任务型语言教学的倡导者非常强调语言的表意功能以及语言的综合运用，同时也认为应该教学语法以及怎样用语法为交际服务，强调语言的准确性"[1]。学习者在使用语言进行交际时，大脑中出现的不仅是单个的词和语法规则，而且是语块，即预先组织好的短语和固定表达法，同时也强调语言的流利程度。

第四，师生角色的转变。任务型语言教学强调课堂教学要以学习者为中心，教师的主要工作就是设计任务、提供语言材料、组织安排活动；在完成任务时，有些任务的结果或答案不是唯一的，甚至教师本人不一定知道答案，这时教师也可以和学习者一起做任务、共同学习甚至向学习者学习、帮助学习者自己建构新知识。任务型语言教学中，教师是学习的计划组织者、学习资源的提供者、任务活动的示范者、协作者、评估者。在课堂学习中，学习者大部分时间都将以个人或小组的形式投身于各项任务的完成与各类活动的参与之中。在这些活动中，学习者被赋予较高的自由度，被积极鼓励灵活运用所有已学过的语言项目，而不仅限于使用规定的语言项目。在语言应用和完成任务的方式上，学习者被期望展现出创造力，同时，多种任务成果形式也被鼓励和支持。因此，学习者在课堂上不是被动的接受者，而是积极的参与者、探索者、调控者。

第五，评价方式的转变。任务型语言教学的评价内容和方式都有很大的转变：评价的目标从重结果、重成绩、重甄别与淘汰转向重过程、重能力、重发展。评价内容从单一的语言知识转向学习者的实际言语能力及学习过程表现。参与评价的主体由教师转向教师、学习者、同伴、家长、社会。评价手段从单一性、固定性的考试转向多样性与灵活性、测试性与非测试性、形

---

[1] 孙自挥. 外语教学模式创新实践[M]. 成都：四川大学出版社，2014：5.

成性与终结性相结合，可以包括教师评价、家长评价、学习者自评、学习者互评。评价效果应当从学习者因分数而学习、教师因考试而教学的模式，转向更加关注激励学习、增强学习者信心的方向。同时，也应培养学习者的合作精神，减少教师间、学习者间的攀比心态，以营造一个更加积极、健康的学习氛围，这种转变将有助于提高学习者的学习效果和整体素质，促进教育教学的健康发展。

（四）任务型外语教学的分类

第一，目标性任务或真实世界的任务，在学术领域中，通常被视为学习者在实际生活、学习和工作环境中可能遭遇的多样化情境，这些任务不仅涵盖了日常生活中的各类活动，如收听天气预报、预订机票等，还涉及更为复杂和专业化的场景，如参与国际会议、撰写学术论文等，它们共同构成了学习者学习外语的终极目标和驱动力。目标性任务的多样性体现了外语学习的实用性和功能性。学习者通过完成这些任务，不仅能够提高语言技能，更能够培养跨文化交流能力和解决实际问题的能力，这些任务要求学习者在真实环境中运用所学知识，从而加深对语言的理解和运用。此外，目标性任务也反映了外语教学的现实需求。目标性任务的引入，使得外语教学更加贴近实际生活，更加符合学习者的实际需求。因此，目标性任务或真实世界的任务在外语学习中具有举足轻重的地位，它们既是学习者学习外语的最终目标，也是检验学习者语言运用能力的重要标准。

第二，教育性任务，包括激活式任务和演练式任务，激活式任务激活学习者新学习的语言技能，如角色扮演、信息交换等。演练式任务与真实生活中的任务相似，如在报纸上寻职并模仿求职过程等。在完成这些任务的过程中，学习者从模仿性地运用语言逐步过渡到创造性地运用语言，从而习得语言。

第三，课时任务。单元教学目标被分解为更加具体的课时目标，为实现课时目标，教师为具体一节课所设计的一系列任务。任务之间同样存在着相依性、涵盖性的特征，并由此形成课时任务链。单元任务与课时任务之间的关系是单元任务链中的每个单元任务分别是各节课时任务链中的高级任务，单元任务涵盖课时任务。

第四，单元任务。为了达成单元教学目标，结合单元功能话题以及语言形式等内容，教师为整个单元所设计的一系列任务。每个单元任务都可能具有激活式任务、演练式任务的特征，而任务之间又存在着相依性、涵盖性的特征，并由此形成由易到难，由简到繁，层层深入，由初级向高级，高级又涵盖初级的链式循环结构——单元任务链。

二、任务型外语教学的设计

（一）任务型外语教学的任务设计原则

设计任务应该遵循一定的原则，才能把握任务设计的正确方向，也才能够顺利地开展任务型语言教学，主要包括以下方面：

第一，学生需求原则。课堂需要有意义、有价值的任务。所谓有意义、有价值的任务是指学生应该完成、愿意完成、通过努力能够完成的任务。设计这样的任务必须分析学生的个性需要（即学生能做什么、会做什么、想做什么）。学生的个性需要基于学生的兴趣爱好、生活经历、能力范围以及智能因素。

第二，任务相依性原则。任务的排列顺序是根据任务的难易度来排列的，先易后难；是根据活动的特征来排列的，先输入后输出。任务之间要有层递性、连续性、涵盖性，遵循由初级到高级、由简单到复杂、由单一到综合、由输入到输出、由学习到生活的发展规律。

第三，目的性原则。设计任务必须考虑目的，即为了完成任务，学生需要准备什么、做什么活动、完成任务后要得到什么结果。目的往往是两方面的：①明线，学生完成任务需要的材料、要做的活动、得到一个非语言成果；②暗线，学生完成任务需要的词汇、句型等语言知识的准备，做活动时熟练语言形式，完成任务后习得语言，获取综合运用语言的能力。

第四，真实性原则。真实性原则更多的是针对交际性任务，要求交际双方要有真实的交际需要，所提供的语言材料以及活动的形式要尽可能接近生活。例如，阅读回答问题就不是真实的任务活动，因为生活中人们阅读时，发现有价值的东西，不会特别地回答问题而是做摘录、标识等。

第五，信息交流原则。信息交流原则更多的也是针对交际性任务。在完成任务的过程中，活动必须涉及信息的获取、传递、处理与使用。对话双方不再是明知故问，而是一方发生信息缺失，产生交际需要而后向另一方索取有用信息，信息沟通活动由此展开。

第六，做事情原则。任务型语言教学认为学习语言的过程其实是"做中学"的过程，要求学生在完成任务的过程中必须动手做事情，如画图、连线、记笔记、做决定、动手操作等。学生在做事情的过程中获得和积累学习经验，体会内化语言知识，通过使用语言发展自己的语言系统。

第七，表意原则。语言学习的最终目的是用语言进行交际，而"交际"需要说话双方更多地关注语言意义而不是语言形式，关注语言的逻辑连贯性、流利性、正确性而不只是语言的正确性。因此，任务的设计要求语言功能和语言形式的结合，在完成任务时，学生学习语言的形式，理解语言的功能，关注语言的意义，表达他们想表达的内容，养成外语思维的习惯，成套地说话，而不仅仅只是操练。

第八，结果性原则。完成任务后必须有一个看得见、摸得着的非语言结果，这个结果也许是学生的绘画作品、完成的表格、列出的清单，也可能是做出的决定、完成的报告、制作的物品等，这个结果是任务的一个组成部分，是评估学生是否完成任务的依据之一，这个成果能带给学生成功的感觉。

（二）任务型外语教学的任务设计步骤

1. 明确任务目标

教师将课程标准所设定的等级目标细化为许多具体的语言行为目标，即学生可以用所学语言做的事情，也即是更具体、更详细的单元任务目标、课时任务目标。例如，外语课程中对"说"的三级目标可以是"能提供有关个人情况和个人经历的信息"。标准对这个教育目标的描述比较概括，"个人情况"可以非常简单（姓名、年龄、电话号码等），也可以非常复杂（爱好、受教育情况、家庭背景等）。教师根据这一教育目标可以设计这样的任务："向同伴介绍自己的年龄、姓名、家庭住址和电话号码，获取同伴的个人信息并做记录。"该任务的具体目标就是"获取识别、记录关键信息的能力"。具体目标也是教学评价的依据。各类任务的目标各异，有的任务聚焦于单一目标，有的则涵盖多重目标，这些目标不仅限于语言知识与技能的掌握，更拓展至人际交往、学习策略以及情感态度等多个层面。因此，确定任务目标时应该注意：①熟悉课程标准规定的分级分项目标，侧重研究教学涉及的学段分项目标；②充分了解学生需求和教材内容；③目标的描述要做到不缺项（语言知识、语言技能、情感态度、学习策略、文化意识），使用行为动词、学生是行为的主体、行为分层落实可操作可检测；④以单元为单位整体考虑任务目标，再从单元目标中细化出课时具体目标。

2. 确定任务类型

任务型外语教学法强调学生在完成实际任务的过程中，通过实践来掌握和运用语言知识，从而培养其语言交际能力和解决问题的能力。在任务型外语教学中，确定任务类型是一个至关重要的环节，它直接关系到教学效果的优劣。任务类型的选择应依据教学目标的不同而有所区别。对于初学者，应选择初级、单一、简单的任务类型，如简单的对话练习、词汇记忆等，以帮助学生建立基本的语言基础，这类任务往往具有封闭性，即任务目标和完成方式较为明确，有助于学生在有限的语言能力范围内进行有效的学习。随着学生语言水平的提高，任务类型也应逐渐转向高级、综合、复杂的类型。例如，可以设计角色扮演、情境模拟等任务，让学生在模拟真实生活的场景中运用语言，提高语言的实际运用能力，这类任务通常具有开放性，即任务完成方式多样，需要学生发挥创造性和想象力，有利于培养学生的思维能力和解决问题的能力。此外，任务类型还应注重生活化，使任务内容贴近学生的实际生活，增加学生的参与感和兴趣。通过让学生在完成任务的过程中体验语言的实际运用，可以加深他们对语言的理解和记忆，提高学习效果。

3. 选取设计材料

课程改革的一个重要理念是"用教材教，而不是教教材"。现有教材中的部分内容可能不适合学生需求，教师需要对教材进行重组，需要选择教材以外的教学材料。教师选材时，要考虑材料的形式、内容、难易度、呈现方式、是否需要学生亲自搜索等。材料可以涉及学生生活经历、书报、广播、电视、网络等各种口头、书面的外语语言材料。

4. 设计任务活动

设计任务一般要规划两类活动——使能性准备活动与交际性活动。使能性准备活动是为了激活学生已有知识与技能、介绍新语言、操练新语言等。交际性活动包括调查、分析、讨论、做报告等，这两类活动交叉循环进行。从认知的角度而言，活动又可分为输入活动与输出活动，先输入再输出。

5. 确定操作程序

任务型外语教学的确定操作程序是确保教学任务得以高效、有序执行的关键环节。当任务中的活动规划得到妥善安排后，随之而来的便是操作程序的明确。在这一阶段，教师需要全面而细致地考虑各个实施细节，以确保教学流程的顺畅进行。

（1）教师要对任务活动之间的衔接过渡进行精心设计。良好的过渡能够使教学活动自然流畅，避免学生在任务切换时产生困惑或迷失。为此，教师可以利用简洁明了的过渡语，或是设计一些有趣的转换环节，以吸引学生的注意力，引导他们顺利进入下一个任务。

（2）小组活动的分工。在任务型外语教学中，小组活动是一种常见的组织形式。为了确保每个小组成员都能充分发挥自己的作用，教师需要提前对小组进行科学合理的分工，这包括确定每个成员的角色和职责，以及制订相应的工作计划。通过明确的分工，可以激发小组成员的积极性和责任感，促进他们之间的合作与交流。

（3）教师的指令。教师的指令应当清晰、准确，能够使学生迅速理解并执行。为了避免因指令不明确而导致的混乱或误解，教师可以在课前进行充分的准备和演练，确保自己在课堂上能够流畅、自信地发出指令。

（4）教师还需要预测并准备应对在教学过程中可能出现的问题，这些问题可能包括学生的参与度不高、任务难度过大或过小、教学设备出现故障等。为了应对这些问题，教师可以提前制订应急预案，如调整任务难度、更换教学设备或采用其他教学方法等。同时，教师还应保持灵活的思维和敏锐的洞察力，以便在出现问题时能够迅速作出反应并妥善处理。

6. 优化任务难度

在操作过程中，不可避免地会遇到任务的难易度设计不当，这时，教师需要及时调整，以免学生形成惰性或畏难情绪。可以利用3S心理法或3C模式进行调整。3S心理法：学生在课堂上保持 surprise（惊异）、suspension（悬念）、satisfaction（满足）的心理，学生既能言所能及，又经历挑战，他们的学习兴趣、动机、潜能都被挖掘、调动起来，定能收到良好效果。3C模式，即 codecomplexity（语码复杂性）、cognitivecomplexity（认知复杂性）、communicativestress（交际压力）。codecomplexity 是指完成任务所需词汇、句型的难度；cognitivecomplexity 是指认知能力的广度和深度；communicativestress 是指完成任务限定的时间、形式等对学生造成的压力。

（三）任务型外语课堂教学设计实践

采用任务型语言教学的课堂操作模式，任务是中心，活动是载体，学生是参与活动、完成任务的主体，教师是主导，是任务设计者、活动组织者。

第一，任务前准备活动，该活动可以理解为导入呈现及机械操练（控制性练习）、意义操练（交际前练习）。导入呈现的内容既可以是主话题、新单词、新句型，也包括活动的方式，教师在做导入、呈现时，要将新语言材料的输入与语用环境、主话题相结合，以此激活学生已有的生活与学习经验。机械操练帮助学生获取正确的语音语调以及语言形式，关注语言的准确性；意义操练是一种重要的教学方法，旨在帮助学生更好地掌握语言形式，并逐步引导他们关注语言的内容和意义，这种操练方式位于机械性操练与交际性运用之间，承上启下，为学生的语言学习提供有力的支持。通过意义操练，学生不仅能够熟悉语言的形式，更能够逐渐理解语言背后的深层含义，从而更加自如地运用语言进行交流和表达。

第二，任务中的进程，这一进程包括导入呈现和做任务两个阶段。导入呈现的内容大多是做任务的方式、要求等，教师在做导入呈现时，应多采用做示范的方式。在做任务阶段，教师应引导学生运用所学的知识和技能完成任务，报告任务结果，任务具有交际性、自主性、创造性，交际双方都需要获取对方的信息解决问题。

第三，任务后期活动，该活动是语言巩固、分析活动。教师引导学生自主反馈，在此基础上经提示注意、观察发现、分析思考、归纳小结、补充完善等系列活动，师生共同得到规则，最后用语言规则指导语言实践，完成针对性巩固练习并开展综合语言运用活动。

第二节 情境再现式外语教学

一、情境再现式外语教学的理论基础

在全球化日益深入的今天,外语学习的重要性愈发凸显。情境再现式外语教学方法强调在实际情境中学习和运用外语,通过模拟真实场景,让学生在亲身体验中掌握语言知识,提高语言交际能力。情境再现式外语教学方法的理论基础源自建构主义学习理论,这一理论主张学习是主动建构知识的过程。相较于被动接受知识,学生通过与环境的互动,在认知活动中逐渐建构对世界的理解。在这一背景下,情境再现式外语教学强调在实际情境中学习语言,通过学生的亲身参与和体验,在模拟的真实场景中主动建构语言知识。

情境再现式外语教学方法吸收了认知心理学的研究成果。认知心理学指出,人的认知活动发生在特定的情境中,情境对认知活动具有重要影响。因此,通过模拟真实场景,可以激发学生的学习兴趣,提高他们的认知参与度,进而更好地掌握和运用外语。情境再现式外语教学方法通过创设情境,将学习者置身于真实的语言使用环境中,这种方法不仅仅是简单地传授语言知识,而是通过情境中的角色扮演、对话交流等活动,让学生在实践中感受语言的应用,这种亲身参与的学习方式,有助于学生将语言知识与实际应用相结合,提升他们的语言能力。

在情境再现式外语教学中,教师的角色也发生了变化。教师扮演着情境中的引导者和参与者的角色。他们通过创设情境、提供语言支持等方式,引导学生参与到语言使用的情境中,促进他们的语言习得。通过情境再现式外语教学,学生可以在轻松愉悦的氛围中学习语言,增强学习的积极性和主动性。他们不再将语言学习视作单调乏味的任务,而是将其视作与实际生活密切相关的技能。因此,情境再现式外语教学方法在激发学生学习兴趣、提高学习效率方面具有显著优势。

总而言之,情境再现式外语教学方法以建构主义学习理论和认知心理学为理论基础,强调学习者在实际情境中的参与和体验。通过创设情境、引导学生参与、提供语言支持等方式,促进学生的语言习得,提高他们的语言运

用能力，这一方法为外语教学提供了一种更加有效、生动的教学手段，值得在实践中进一步探索和应用。

二、情境再现式外语教学的意义与要求

（一）情境再现式外语教学的意义

情境再现式外语教学方法是一种富有活力和创新性的教学策略，旨在通过模拟真实情境来促进学生的语言学习。情境再现式外语教学的意义主要包括以下方面：

第一，激发学生的学习兴趣和积极性。通过将学习置于生动有趣的情境中，学生更容易投入其中，从而提高学习效果。情境再现式教学通过模拟真实场景，为学生提供了一个沉浸式的语言学习环境。在这种环境下，学生不仅可以更好地理解外语知识，还能够运用所学语言进行实际交流，从而有效提升语言交际能力。

第二，有助于培养学生的合作精神和创新能力。在情境再现的学习环境中，学生通常需要与同学合作，共同解决问题，这不仅促进了学生之间的合作交流，也锻炼了他们的团队合作能力。情境再现式教学鼓励学生在模拟情境中发挥创造力，尝试新的语言运用方式，从而培养了他们的创新思维和解决问题的能力，为他们的全面发展奠定了坚实基础。

（二）情境再现式外语教学的要求

情境再现式外语教学的要求主要包括以下方面：

第一，实施情境再现式外语教学需要教师投入大量的时间和精力进行情境设计和准备工作。教师需要精心设计各种情境，确保其能够吸引学生，同时与教学内容紧密结合，这对教师的专业能力提出了更高的要求。由于每个学生的语言水平和兴趣爱好各不相同，教师需要制订个性化的教学计划，以满足不同学生的需求，这增加了教学的难度和工作量。

第二，情境再现式外语教学还需要配备相应的教学资源和设备，如音频、视频设备等，这也需要一定的经济投入。特别是在使用高科技手段进行情境再现时，更需要教育机构提供支持和投资。因此，教育机构和教育决策者需要充分认识到情境再现式外语教学的重要性，并为其提供必要的支持和资源，以确保其有效实施。

三、情境再现式外语教学的实施策略

情境再现式外语教学法是一种创新的教学模式，其核心理念在于通过模拟真实的语言环境，让学生在具体的情境中感知、理解、运用外语，从而达到提高语言能力的目的。实施这一教学策略，需要教师在教学实践中进行多方面的探索与实践。

（一）创设真实情境

在真实的情境中学习语言，有助于学生更好地理解和运用语言。教师可以通过多种途径创设真实情境，如利用多媒体教学资源，为学生展示生动的图片、视频和音频材料，使学生仿佛置身于真实的语言环境中。教师还可以布置教室环境，通过摆放与主题相关的物品、装饰物，营造出符合教学主题的氛围。设计角色扮演活动也是创设真实情境的有效手段，学生可以在模拟的情境中扮演不同的角色，通过互动交流来体验语言的实际运用。在创设真实情境的过程中，教师需要充分考虑学生的生活实际，选择与他们生活经验紧密相关的场景和话题。只有这样，学生才能更容易地产生共鸣，更好地投入到情境学习中去。同时，教师还需要关注情境的多样性和变化性，不断更新和丰富情境内容，以激发学生的学习兴趣和积极性。

（二）引导学生参与

在情境再现式外语教学中，学生成为积极的参与者。教师应通过设计各种有趣的活动，激发学生的参与热情，让他们在轻松愉快的氛围中学习语言。例如，教师可以组织小组讨论、角色扮演、辩论等活动，让学生在互动中提高语言交际能力。同时，教师还应关注每个学生的个体差异，根据他们的兴趣和需求，设计不同层次和难度的情境活动，使每个学生都能在适合自己的水平上得到发展。在引导学生参与的过程中，教师需要充分发挥自己的引导作用，通过提问、引导、反馈等方式，帮助学生更好地理解和运用语言。同时，教师还需要关注学生的情感体验，尊重他们的个性和差异，让他们在参与中感受到成功的喜悦和进步的快乐。

（三）注重语言运用

情境再现式外语教学法强调语言的实际运用，而不仅仅是语言知识的学习。因此，在教学过程中，教师应注重培养学生的听说读写能力，让他们在模拟的真实场景中能够灵活运用外语进行交流。例如，教师可以设计听力理解活动，让学生通过听录音、看视频等方式，提高听力理解能力；同时，还可以组织口语表达活动，让学生进行对话、演讲等，提高口语表达能力。此外，阅读和写作能力的培养也不容忽视，教师可以引导学生阅读相关材料，进行写作练习，提高他们的阅读理解和写作能力。在注重语言运用的过程中，教师还需要关注语言的准确性、流利性和得体性。在教学过程中，教师应及时纠正学生的语言错误，帮助他们建立起正确的语言使用习惯。同时，教师还应鼓励学生大胆表达自己的想法和观点，让他们在不断的实践中提高语言的流利性和得体性。

（四）加强师生互动

在情境再现式外语教学中，师生互动不仅是教学过程中的一种形式，更是提高教学效果的关键。教师应积极与学生进行交流和互动，了解他们的学习情况和需求，及时调整教学策略。例如，教师可以通过课堂讨论、个别辅导等方式，与学生进行深入的交流，帮助他们解决学习中遇到的问题。同时，教师还可以通过观察学生的表现，了解他们的学习进度和兴趣点，为他们提供更加个性化的教学服务。此外，教师还应鼓励学生之间的合作与交流。在情境再现式外语教学中，学生之间的合作与交流有助于他们相互学习、共同进步。教师可以组织小组合作活动，让学生在共同完成任务的过程中互相学习、互相帮助。同时，教师还可以引导学生开展互评活动，让他们在评价他人的过程中反思自己的学习表现，从而不断完善自己的语言能力。

四、情境再现式外语教学的效果评估

在情境再现式外语教学的效果评估方面，学校和教师可以采用多种方式进行评价。首先，通过学生的语言考试成绩来评估他们的语言知识水平，这种评估方式能够客观地反映学生在语言知识方面的掌握情况，为教学提供有力的数据支持。其次，通过观察学生在模拟场景中的表现来评估他们的语言运用能力和交际能力，这种评估方式能够直观地了解学生在实际运用外语过程中的表现，为教学方法的改进提供依据。最后，学校和教师还可以采用问卷调查、访谈等方式了解学生对情境再现式外语教学的看法和反馈，这些反馈信息有助于教师进一步了解学生的学习需求和期望，从而调整和完善教学方法。

通过情境再现式外语教学的效果评估可以看到：首先，学生的语言运用能力得到了大幅提升。在模拟场景中，学生能够自如地运用外语进行交流和沟通，表达清晰、准确，语法和词汇的使用也更为得当。其次，学生的交际能力也得到了有效提高。在角色扮演的过程中，学生学会了如何根据不同的场景和对象调整自己的语言风格和表达方式，从而更好地与他人进行互动和合作。最后，这种教学方式还极大地激发了学生的学习兴趣和自信心。学生在参与模拟场景的过程中感受到了外语学习的乐趣和价值，从而更加积极地投入到学习中去。

总而言之，情境再现式外语教学方法以其独特的教学理念和实践方式，为外语教学注入了新的活力，它通过模拟真实场景，让学生在亲身体验中掌握语言知识，提高语言交际能力，有助于培养具有国际化视野和跨文化交际能力的人才。然而，情境再现式外语教学仍需在实践中不断完善和优化，以适应不同学生群体的需求和发展。随着教育技术的不断发展和创新，情境再现式外语教学将迎来更多的发展机遇和挑战。例如，可以利用虚拟现实技术创设更加逼真的模拟场景，让学生在更加真实的环境中进行语言学习；还可以借助人工智能等技术手段对学生的学习情况进行智能分析和反馈，为个性化教学提供更加科学的依据。同时，也需要关注情境再现式外语教学在实施过程中可能遇到的问题和挑战，如教学资源配置、教师素质提升等方面的问题，并积极寻求解决方案。

第三节　探究式与体验式外语教学

一、探究式外语教学

（一）探究式外语教学的特征

随着全球化的不断推进，外语教育在教育体系中的地位日益凸显，探究式外语教学的兴起，成为外语教育领域的一次重要革新。探究式外语教学的核心理念在于探究。探究，既是一种思维方式，也是一种学习方法，它鼓励学生以问题为导向，通过提出问题、搜集信息、分析推理、交流合作等过程，主动探索语言知识和文化内涵，这种教学方法不仅有助于提升学生的外语能力，更能培养他们的批判性思维、创新精神和实践能力。

第一，探究式外语教学强调学生的主体性。在探究式外语教学中，学生的地位得到了显著提升。他们不再是知识的被动接受者，而是成为教学活动的积极参与者和主导者。学生需要自主提出问题、设计方案、收集资料、分析问题并得出结论。在这个过程中，学生的主观能动性得到了充分发挥，他们的批判性思维和创新精神也得到了培养。

第二，探究式外语教学注重实践性。语言学习不仅仅是记忆单词和语法规则，更重要的是在实际运用中掌握语言的精髓。探究式外语教学通过实际操作、观察实验、调查研究等方式，将理论知识转化为实践能力。学生在探究过程中，可以运用所学的语言知识解决实际问题，提高自己的语言运用能力和跨文化交际能力，这种实践性的教学方式有助于学生在真实情境中运用外语，增强他们的外语学习动力和兴趣。

第三，探究式外语教学鼓励合作与交流。语言是沟通的工具，外语学习更应该注重交流与合作。在探究式外语教学中，学生可以通过小组讨论、角色扮演、共同完成任务等形式，与同伴进行深入的交流与合作，这种合作与交流不仅有助于培养学生的团队协作精神和沟通能力，还能让他们在互相学习、互相启发中共同解决问题，实现知识的共享与创造。

第四，探究式外语教学具有开放性的特征。在探究式外语教学中，教学的范围得到了极大的扩展。学生可以通过网络、图书馆、博物馆等多种途径获取学习资源，了解不同文化背景下的语言现象，这种开放性的教学方式有助于拓宽学生的视野和知识面，使他们能够更好地理解和运用外语。

（二）探究式外语教学的主要作用

探究式外语教学对于提高学生的外语能力、培养创新型人才以及推动外语教育的改革与发展，均具有重要作用，主要包括以下方面：

第一，探究式外语教学对于提高学生的外语能力具有显著作用。探究式外语教学则通过引导学生主动参与探究过程，使他们在实践中学习和掌握语言知识。在探究过程中，学生需要深入探索语言现象，理解文化内涵，这有助于他们更加全面地掌握语言知识，提高语言运用的准确性和得体性。同时，探究式教学还强调学生的合作与交流，这有助于培养学生的口语表达能力和跨文化交际能力。学生在探究过程中需要与同伴进行交流和合作，共同解决问题，这不仅可以提高他们的沟通能力，还可以增强他们的团队合作意识和跨文化理解力。

第二，探究式外语教学对于培养创新型人才具有积极意义。在当前快速发展的社会背景下，创新型人才的需求日益迫切。探究式外语教学注重培养学生的批判性思维和创新精神，鼓励他们在探究过程中发现问题、解决问题，提出新的观点和方法，这种教学方式有助于激发学生的创新潜能，培养他们的创新思维和实践能力。通过探究式学习，学生可以学会独立思考、分析问题、解决问题，从而培养出具有创新精神和实践能力的人才。

第三，探究式外语教学对于推动外语教育的改革与发展具有重要作用。探究式外语教学强调学生的主动探究和实践操作，注重培养学生的综合素质和能力，这种教学方式的推广和应用，将有助于改变传统的外语教育模式，推动外语教育的改革和发展。通过探究式外语教学，可以建立起以学生为中心的教学模式，注重学生的个体差异和兴趣发展，提高外语教育的质量和效益。

（三）探究式外语教学的实施策略

为了有效实施探究式外语教学，教师需要采取一系列策略，以确保教学目标的顺利实现，主要包括以下方面：

第一，设计具有探究性的问题。问题作为探究式教学的核心，其质量直接影响到学生的学习效果。因此，教师应根据教学内容和学生实际情况，精心设计具有开放性、层次性和挑战性的问题，以激发学生的探究欲望，引导他们进行深入思考和探索，这些问题应该具有启发性和引导性，能够引导学生在学习过程中自主提出问题、寻找答案，并形成系统性的思考。

第二，提供丰富的学习资源。探究式教学强调学生通过自主探究来构建知识，而学习资源的充足性和多样性直接影响到学生的学习效果。因此，教师应充分利用现代信息技术手段，为学生提供丰富的学习资源，如网络课程、电子图书、多媒体素材等，以满足学生不同的学习需求，帮助他们拓展知识领域，提高学习效率。

第三，创设良好的学习环境。良好的学习环境能够激发学生的学习兴趣和积极性，促进他们的学习动力和能力发展。因此，教师应积极营造宽松、民主、和谐的课堂氛围，为学生提供一个自由探索、相互交流的学习空间。在这样的环境下，学生可以自由表达思想，大胆提出问题，勇于探索，同时教师也应提供必要的支持和指导，帮助学生克服学习困难，达到学习目标。

第四，建立有效的评价机制。评价不仅是对学生学习情况进行监测和评价的手段，更是促进学生全面发展的重要途径。因此，教师应建立多元化的评价机制，注重过程性评价和表现性评价，关注学生的个体差异和发展需求。在评价过程中，教师应以学生的实际表现为依据，为他们提供有针对性的反馈和建议，帮助他们改进学习方法，提高学习效果。

二、体验式外语教学

体验式外语教学是一种注重学生参与和互动的教学方法，旨在通过实践和体验来提高学生的语言技能，它不同于传统的语言教学方法，如文法—翻译法或直接法，而是强调学生在真实语境中的积极参与，通过亲身经历来掌握语言。

（一）体验式外语教学强调参与互动

体验式外语教学注重学生的积极参与和互动，通过多种实践活动，如角色扮演、游戏、实地考察等，学生能够更积极地参与到语言学习过程中，这些活动不仅能够提升学生的学习兴趣和动机，还能够增强他们的语言技能和应用能力。在体验式外语教学中，学生参与度的提升是其中一个显著特征。

通过引入角色扮演和游戏等活动，学生能够积极参与到语言的使用和交流中。例如，在角色扮演活动中，学生被要求扮演不同的角色，模拟真实情境下的交流场景，这种亲身体验使学生更深入地理解语言的实际运用，从而加深了他们对语言学习的兴趣和动力。

体验式教学还强调学生的实践性学习，通过实地考察等活动，学生得以直接接触并运用所学语言知识。例如，组织学生进行实地考察，让他们在真实环境中应用所学的外语知识，与当地人交流，解决实际问题，这种实践性学习不仅提升了学生的语言技能，还增强了他们的自信心和应对实际情境的能力。体验式外语教学的优势在于激发学生的学习动机。体验式教学更具趣味性和挑战性，能够吸引学生的注意力，激发他们的学习兴趣。例如，通过游戏化的学习活动，学生可以在轻松愉快的氛围中学习，同时培养团队合作和竞争意识，这种积极的学习体验会促使学生更加主动地投入到学习过程中，并持续保持学习的动力。

（二）体验式外语教学明确教育意义

体验式外语教学在语言教育领域的重要性与深远影响不容忽视，这种教学模式的引入，不仅为传统的语言教学注入了新的活力，更在一定程度上推动了整个语言教育体系的进步与发展。

第一，体验式外语教学能够显著激发学生的学习兴趣和动机。传统的语言教学往往侧重于语法、词汇等知识的灌输，而体验式教学则更注重让学生在实践中学习和感知语言。通过模拟真实的语言环境，让学生在互动中体验语言的魅力，从而更加主动地投入到学习中，这种教学模式有助于培养学生的自主学习意识，提高他们的学习效率和学习成绩。

第二，体验式外语教学对于培养学生的语言交际能力和跨文化意识具有显著作用。语言是交际的工具，而体验式教学正是通过模拟真实的交际场景让学生在实践中锻炼和提高自己的语言交际能力。这种教学模式还能够帮助学生了解和适应不同的文化背景，培养他们的跨文化意识。在全球化日益加剧的今天，这种能力的培养对于个人的全面发展和社会适应具有重要意义。

第三，体验式外语教学还能够促进教师的专业发展，这种教学模式需要教师具备更高的教学素养和创新精神，能够根据学生的需求和特点设计出更具针对性的教学方案。在实践中，教师需要不断尝试和探索新的教学方法和手段，从而不断提高自己的教学水平和能力，这种教学模式的推广和应用，有助于激发教师的教学创新和探索精神，推动整个教师队伍的素质提升。

（三）体验式外语教学注重核心理念

体验式外语教学作为一种新兴的教学模式，近年来在学术界和实践领域都引起了广泛关注，其核心思想在于，将学习者置于真实的语言环境中，通过实践操作和亲身体验，深化对语言的理解与运用，这一理念打破了传统外语教学中重理论、轻实践的局限，使得语言学习更加贴近实际，更具实用性。语言作为人类社会交流的重要工具，其本质在于交流与实践。只有在真实的语境中，语言才能发挥其应有的作用。因此，体验式外语教学强调学习者应当深入到真实的语言环境中，通过亲身参与和体验，来感知语言的魅力和运用技巧，这种教学方式不仅有助于学习者提高语言水平，更能培养他们的跨文化交际能力，增强他们在全球化背景下的竞争力。

在具体的实践中，体验式外语教学可以采用多种形式。例如，组织学习者参与当地的市场活动，让他们与当地人进行真实的交流。在这样的场景中，学习者不仅能够锻炼自己的口语表达能力，还能学习到地道的语言表达方式和文化习俗。又如，通过模拟商务会议、旅游场景等，让学习者在模拟的真实环境中进行语言实践，从而更好地掌握语言的运用技巧。

（四）体验式外语教学重视实践方式

在实践中，体验式外语教学的实施可以采用以下多种方式：

第一，教师可以设计各种生动有趣的活动，以激发学生的学习兴趣，这些活动包括但不限于角色扮演、小组讨论、情境模拟等。例如，通过角色扮演，学生可以扮演不同的角色，与他人进行互动，从而在语言运用中获得实践经验。小组讨论则能够促进学生之间的交流，拓展他们的语言表达能力。情境模拟则可以让学生置身于具体场景中，通过模拟真实情境来练习语言技能，从而增强他们的语言运用能力。

第二，教师可以组织学生参与各种实践活动，以使他们在真实的情境中感受和运用语言，这些活动可以包括实地考察、文化交流、志愿服务等。通过实地考察，学生可以亲身体验到语言在实际生活中的运用情况，加深对语言知识的理解。文化交流活动则可以帮助学生了解外语背后的文化内涵，促进跨文化交流与理解。志愿服务活动不仅可以提供语言实践的机会，还能培养学生的社会责任感和团队合作精神。

第三，教师还可以利用多媒体技术和网络资源来丰富教学内容，提供更多元化的学习体验。多媒体技术可以通过图片、视频、音频等形式呈现语言材料，激发学生的视听感知，使他们更加直观地理解语言知识。网络资源则为学生提供了丰富的学习资料和互动平台，使他们能够在课堂之外进行自主学习和交流，拓展语言学习的广度和深度。

总而言之，体验式外语教学的实施方式多种多样，可以通过设计生动有趣的活动、组织实践活动以及利用多媒体技术和网络资源等途径来促进学生的语言学习。教师在教学实践中应根据学生的实际情况和需求，灵活运用这些方法，使之更好地适应学生的学习特点，提高教学效果。

第四节　基于结构主义的外语教学

一、基于结构主义的外语教学流派

（一）基于结构主义的索绪尔语言学流派

"语言是人类最重要的交际工具，因为只有语言才是人类社会不可或缺的、与人类社会生活各方面关系最密切的、能够使人充分交流思想情感的工具"[①]。瑞士语言学家弗迪南·德·索绪尔是现代语言学的奠基人，索绪尔通过在历史比较语言学，特别是在印欧比较语言学中做出重大贡献而在语言学界崭露头角。

1. 比较语言学派

索绪尔对语言研究所做的最重要的贡献表现在普通语言学方面。索绪尔在开设普通语言学教程之前就已经对印欧语系的很多语言进行了深入的了解和剖析。他对日耳曼语比较语法、拉丁语和希腊语进行过教学。索绪尔在历史语言学方面做出了很多深层次的研究，能够全面分析某一门语言，并针对其特点提出自己的一些观点。比较语言学派，作为一个新兴的学术流派，目前在语言学领域中尚未稳固地奠定其研究基础，同时对于其研究对象也尚未

---

① 江涛. 现代语言学理论与教学动态发展研究[M]. 长春：吉林人民出版社，2020：2.

形成明确的界定。科学研究的基石在于明确的研究对象和稳固的体系框架，而比较语言学派在这一关键步骤上的缺失无疑为其未来的发展带来了挑战和不确定性。

2. 静态语言学与演化语言学派

19世纪以来，很多学者致力于研究语言学和语言的历史性。经过对语言历史性的深入研究，不同语言之间存在诸多相似之处。基于这一发现，共时语言学和历时语言学这两个独特的学科领域应运而生。共时语言学亦被称为静态语言学，专注于研究共存的语言现象，探索它们之间复杂的逻辑和心理关系。历时语言学专注于探究那些具有显著关联性的要素，特别是那些虽不属于同一集合，却展现出某种替代关系的要素。因此，它亦被称为演化语言学。

历时性与共时性与两个概念既相互依赖，又相互对立。历时性属于客观存在的事实，是针对语言系统的一种比较科学的抽象概念；共时性是先后交替出现的事实，代表的是语言的变化，是一种确切的存在。从研究角度而言，历时性所进行的是断代研究，而共时性所进行的是历代研究；历时性在研究过程中十分在意同一时期不同语言之间的关系，而共时性则注重语言随着时间的演变而发生的变化；历时性主要体现的是历史的某一阶段，而共时性需要通过漫长的历史时期来进行变化的总结。

语言学研究的内容在于区分历时研究和共时研究。历时研究关注语言随时间的演变，而共时研究则关注特定时间点上语言系统的结构和功能。在这两种研究中，理解语言学符号的形式关系至关重要。这包括了对符号在特定系统中的位置以及受到的价值系统的影响的深入理解。例如，通过共时研究可以揭示不同语言符号之间的关联和作用，以及这些符号在特定社会或文化背景下的含义。索绪尔在此背景下反对了语言变化的目的论，他认为语言变化是源于自发的、偶然的变化，而非受到外在目的的影响。这意味着语言的发展并非受到特定目标或计划的驱动，而是由各种因素的相互作用所决定，包括社会、文化、心理等因素。

3. 符号学派

符号科学中最重要的组成因素是语言哲学思想。索绪尔运用严谨的逻辑和理性的思维，深入剖析了语言符号的本质特性，以此为依据，进一步阐释了自己的观点。索绪尔在符号学领域的研究具有深远影响，为其他科学领域的进步提供了坚实的理论基础，并推动了符号学本身的不断深化。他的杰出贡献不仅在于揭示了符号学的内在规律，更在于为后来的研究者提供了丰富的学术资源和深邃的思考路径。研究符号学与研究其他科学一样，都要确定研究对象，以此来促进符号学发展成一门独立的学科。索绪尔为现代符号学的发展做出了很多贡献，"索绪尔在能指与所指的二元论基础上，提出了语言的任意性特征"①。美国逻辑家查尔斯·桑德斯·皮尔斯的符号学思想也在一定程度上推进了符号学的发展和进步，他根据与对象的关系，将符号分为像似符号、指示符号与规约符号。

（二）基于结构主义的功能语言学流派

1. 布拉格学派

在索绪尔语言学理论的启发下，布拉格学派崛起并成为语言学研究领域的一支重要力量。与哥本哈根学派和结构主义学派一样，布拉格学派反对德国新语法学派的历史主义和分割主义观点，主张从整体出发对语言结构进行共识研究。布拉格学派的核心理念在于强调语言的结构与功能相辅相成，将语言视为一种交流工具，其分析方法主要从主位和述位角度来审视句子的结构。

在音位学方面，布拉格学派的贡献尤为突出，其研究特别强调语音学与音位学的区别。而后者更加关注语音在音位体系中的功能。布拉格学派也对语言的非语言特征产生了浓厚兴趣，如交际者的社会背景和交际主题等。这种综合性的研究方法使得布拉格学派的影响力不断扩大。

布拉格学派的研究成果对后世语言学产生了深远影响。特别是在语音的区别性特征、音素与语法形式之间的关联、文体变异以及非语言因素等方面，布拉格学派提供了重要的指导，并深化了对语言本质的理解。这一理论贡献不仅在学术界产生了广泛的影响，也促进了语言应用水平的提升。布拉格学派的研究方法和成果为语言学的发展开辟了新的道路，为之后的学者提供了宝贵的参考。

（1）音位学与音位对立。布拉格学派在研究中最具价值的是对于音位学说以及语音学之间的区分，在这一领域最具代表性的学者是特鲁别茨科伊。逐渐扩大音位的概念，进一步促进音位成为最具抽象代表的语音系统单位。

---

① 李培东. 外语教学原理与实践研究：共时视角 [M]. 银川：宁夏人民出版社，2019：110.

特鲁别茨科伊对语音特征分类，给出了三条衡量标准：①语音与整个对立系统的关系；②对立成分之间的关系；③区别力的大小。首先，特鲁别茨科伊指出了语音与其他学科之间的区别性功能，并进一步给出了有关音位的具体解释；其次，通过区分语音、音位以及其他学科的主要特点，进一步研究音位组合之间的关系；最后，特鲁别茨科伊基于其深入的研究经验，构建了一套针对音位研究的方法和理论体系。

（2）句子功能前景理论。句子功能前景是一套适用于分析语言学的科学理论，它利用现有的信息对语言进行切割和解读，研究的基本原则是对句子中的每一个组成部分进行比较深入的研究，通过每个部分的作用总结出这些部分对整个句子的作用。每一个句子都有其出发点和重要因素，而所谓句子的出发点就是说话者和听话者都能理解到的东西。句子的核心是说话者所要传达的根本问题，以及对听话者而言最具价值的信息和内容。功能前景的概念主要用来研究信息是如何存在于句子中并进行表达的，主要涉及已知信息（被给信息）和新信息在话语中的分布情况。已知信息是指读者或听者已经掌握和熟悉的知识内容，并非首次呈现的新知识。新信息是指那些尚未被接收者了解，需要通过传达来使其获得的知识内容。

2. 哥本哈根学派

哥本哈根学派的核心理念根植于对索绪尔的观点的认同，他们认为语言并非客观实体，而是一种形式。在哥本哈根学派的框架下，音素与意义被视为分离的元素，它们只能通过特定的语言和结构相互连接。这种观点反映了对语言的内在结构的关注，以及语言作为一种符号系统的理解。

在研究方法方面，哥本哈根学派强调对语言结构关系的分析，将语言学的核心研究内容定位于语言的内在构造。他们致力于构建新兴的语符学分支，这意味着对语言符号的深入探索以及对其内在关系和规律的理解。

不仅如此，哥本哈根学派还关注各种符号，不局限于自然语言符号，还包括交通信号、电报代码等。他们认为自然语言并非唯一的符号体系，因此探索以形式语言替代自然语言的可能性，成为他们研究的一部分。

哥本哈根学派还将语言关系分为三种类型：相互依赖关系、决定关系和并列关系。他们强调语言成分之间的相互关联和规定，这意味着语言的结构不是孤立存在的，而是在一个互相影响和制约的系统中运作。

3. 伦敦语言学派

（1）马林诺夫斯基语言理论。马林诺夫斯基的语义学理论是，要想实现对语言的研究，就必须建立一种独立的语言学理论作为支柱。在探讨语言现象时，必须以语义学理论作为坚实的基石。在深入探究各类组织成分的语法特性时，必须始终关注其内在含义，这是保障人们精确理解语言现象的根本所在。证明一个表达方式应该归为名词、动词、副词或名词性指示词时，用的是语义学定义，而不是形式上的定义，这样做的优势在于：①这样定义后的语法范畴有可能符合人类思维中的概念区别；②语言学家可以自由地分析复杂结构中的组织成分，而无须用形式标准重新定义语法范畴。

语义学理论不仅要规定语法范畴和语法关系，而且要说明文化环境对语义情境的影响。语义分析常常把人们引向人种学描写。在进行多语言成分的意义与功能分析时，有必要进行人种学调研，详细描绘各种风俗习惯，并深入阐述社会背景情况。例如，作为一种语言形式，口头语言常常与当时的环境有关系，这种情况下的语言分为以下方面：

第一，语言与当时的身体活动有直接关系。语言充满了技术词汇，简单涉及周围环境，表示迅速变化，一切都以习惯性行为为基础，参加者都很熟悉并亲身经历过这些行为，这些具体语言单位只有在亲身经历中才能获得，是通过行动学会的，而不是通过思考学会的。语义并非与物质特征直接相关，而是与词的功能紧密相连。当一个词汇被用作表示重要工具时，其在实际行动中的运用，并非为了评论工具的性质或反映其特点，而是为了实现其存在价值，将其呈现给使用者，或指导他人如何正确使用。一个物体的意义是由其积极使用的经历组成的，而不是苦思冥想出来的。对于一个本族语者而言，一个词的意义就是它所代表的物体的正确使用，就像一件工具，使用起来就有意义，不使用就没有意义。词汇不仅用于描述行动，更在于激发行动，而非单纯的思想转化。因此，词汇拥有其内在的力量，作为推动变革的工具，以及驱动行为和物体的杠杆。

第二，叙述中使用的语言。叙述的语言环境分为两个方面：一是叙述本身所处的环境，其中包括社会态度、文化水平和感情变化等因素；二是叙述所涉及的环境，如神话中的情境。虽然叙述的意义与语言环境并无必然联系，但它们却能够直接影响听话人的社会态度和思想感情。

第三，在"自由的、无目的社会交谈"中使用的语言，这种语言与任何人类活动毫无关系，其意义不可能来自语言环境，而只能是社会交往的气氛……谈话者之间的私人交流而已，这种话语为"垫语"，就是寒暄话。寒暄语具有以下特征：①属于自由的、无特定目的的西方语言学流派的社会交往；②或是无目的地表示爱憎，或描写不相干的事情，或评论非常明显的事情；③属于一种言语方式，通过词语的交换建立团结的纽带；④属于没话找话。寒暄语不表达实质性的意义，仅仅是出于礼节的需要。

在人类语言中，普遍性范畴以其反映的生活态度而被视为一种普遍现象。这种范畴的存在是语言结构的直接反映，其根源可以追溯到儿童和原始人对周围环境的实际态度。这些范畴的形成是为了适应人类在生存斗争中所面对的需求，因此它们具有一种权宜性、非系统性和实际性。所谓的"实际态度"并非后天习得，而是天生具备的特征。尽管各种语言在表面上可能呈现出截然不同的形式，但普遍性语法范畴却普遍存在于它们之中。马林诺夫斯基之所以给出这样的论断，是为了否定以下两种观点：①语法范畴来自表达思想所需要的范畴；②语法范畴凭空出现于大脑，以便组织语法结构。普遍语法范畴中较早出现的是"名词实体"，动词类出现较晚。动词是关于动作、身体姿态、人的情绪、时间变化的词汇，多用于命令、描写和解释。动词的存在根源于人类对自我变化、行为多样性、身体状况以及思想情绪等方面的浓厚兴趣。此外，普遍的语法体系亦广泛包含代词、形容词、副词、连词以及名词的各种格和介词的使用。

（2）弗斯的语言观与语义学。弗斯的语言理论在英国语言学史上具有划时代的意义，既延续了传统理论，又创立了新理论。语言在弗斯的理论中被视为一种多重功能的工具，既可以被用来实现某种行动，也可以用来影响他人的行为，甚至是迫使他们采取行动，同时也是一种生活方式。他将语言界定为包括"系统"和"结构"两个要素，其中结构表现为横向的关联，而系统则体现为纵向的构成要素。弗斯认为，人类出生于自然，但在社会环境中成长，因此语言具有发展性和延续性。他认为一个社会中的个体实际上是扮演着各种角色，每个角色都有其特定的"台词"，这些台词反映了个体在特定社会情境中的语言运用方式。因此，语言不仅仅是一种自然产物，还是受到教养影响的产物，包含了个体本性中的渴望和动机，以及在社会交往中学习的语言系统或说话习惯。

在弗斯的观点中，语言是一个系统，它包括了个体的话语以及社会生活中的无数话语事件。这一理解突显了语言作为一个整体的复杂性和多样性，同时也强调了语言在社会交往中的重要性。弗斯对于唯理主义和行为主义持保留态度，倾向于折中立场。他认为语言既有先天成分，即与个体的生物本能相关联，又有后天成分，即受到社会环境和教养的影响。

弗斯的社会学研究以意义为核心，他深入探讨了语言的意义，并将其扩展到语言环境的概念中。这一概念不仅包括词汇和语法层面的意义，更涵盖了言语背后的广泛语境。弗斯将马林诺夫斯基的语言环境理论进一步深化和拓展，认为语言环境不仅仅局限于言语行为周围的语境，还包括了更广泛的社会环境、文化背景以及参与者的身份和关系等多个层面。

语言交流的语言环境对参与者的言语行为和非言语行为都产生影响，并且直接影响相关的事物和事件的发展。弗斯强调，语言环境是个人全面阅历和所属文化历史的反映，是一个多维度的语境。在这个理论框架下，语言环境不仅是言语行为的背景，更是一种人文、社会、历史和文化的交织体，反映了参与者的身份认同、社会地位以及文化归属感。在这种多维度的语言环境中，时间的流逝并不是简单的线性进程，而是过去、现在和未来相互交织，共同构建一个人的语言世界。

语言环境通常都十分复杂，并且无法从中得出一定的规律。针对这种现象，弗斯又进一步创造出典型情境语境这一概念。典型情境语境是指人们在特定场合下所遇到的，或是生活的环境，它决定着人们在社会中所充当的角色。由于人们扮演的社会角色不是固定不变的，所以典型情境语境也有一定的界限。语义学的核心在于探究符合特定角色的语言表达方式。弗斯将语义学界定为对典型语境下的话语进行分类的学问，这一观点与语言学界的其他主流定义存在显著差异。从语言环境着手研究语言，最早是德国语言学家维吉纳开始的，后来还有加德纳，但弗斯的语境分析更具体、更深入。在分析典型语言环境时，篇章本身的内部关系涵盖了多个层面的结构成分组合关系以及单位或词汇的聚合关系，这些关系揭示了结构成分的价值。

在不同层次上的结构成分组合关系中，语言环境的表达形式涉及词汇、短语、句子等层次，它们相互组合形成更大的语言单位，如段落、篇章等。这种组合关系决定了信息的传递方式和语言表达的流畅性。此外，单位或词汇的聚合关系突显了语言环境中各个成分之间的内在联系，揭示了它们在表达意义和构建语境方面的重要作用。在具体层次上进行意义分析，主要包括以下方面：

第一，词汇层次。分析词义，不仅说明这个词的所指意义，还要说明这个词的搭配意义。因此，在多数情况下，词汇的精确含义常常受到其所在上下文环境的制约，这种制约作用是通过词汇之间的相互关联和组合来体现的，这种组合关系所传达的深层次含义，是一种抽象且复杂的概念，与直接从概念或思维层面对词义进行解析的方法并不直接吻合。

第二，语法层次。语法层次又分为形态学层次和句法层次。在形态学层次上研究词的变化；在句法层次上研究"类连结"，即组合关系，这种关系主要是依靠组成成分实现的。伦敦语言学派语法层次上的"类连词"与词汇层次上的搭配有着相同的作用，都表示相互期待的关系。但是两者又有不同，就是"类连结"中的成分可以是非连续的，如在句子中常常需要将定语从句的连续性的语法范畴隔开。

第三，语言环境层次。主要研究非语言的物体、行为、事件以及语言行为产生的效果。在这里需要区分的是指出性和指称性的情境，经济、社会结构等情境，独白、齐声背诵、叙述等情境，用于操练、命令、寒暄的语言，与年龄、性别、谈话人之间的关系有关的一切语言事实。环境是一个由多重环境相互交织构成的复杂体系，其中每一个环境都是更大环境体系中的一个不可或缺的部分，这些环境共同构成了整个文化环境的有机整体，并在其中各自占据着特定的位置。

弗斯和美国语言学家莱昂纳多·布龙菲尔德都反对心灵主义和内省主义，但是布龙菲尔德接受了行为主义，而弗斯并没有接受行为主义，只是受到行为主义的某些影响。布龙菲尔德的情境分析是间接的，语言被看成一种遥控系统，而弗斯的情境分析要更加直接一些，语言是内部心理状态的一种工具。由于人们对自己内部心理状态了解太少，仅仅用无法观察的内在心理过程来解释语言，只能把语言问题看得更加神秘。当然，情境分析也存在着局限性。例如，众多语言行为具备叙述性特征，与环境因素的联系并不紧密。在各种情况下，环境对语义范畴的影响往往是有限的，而最终精确选择语义仍需要依赖于个体的语言技能。

（3）韩礼德的语言观和系统功能语言学发展。韩礼德是当代著名语言学家，他继承和发展了弗斯的基本理论。弗斯的两条基本原则被韩礼德继承了。首先是"情境语境"，语言与典型的社会情境是有密切联系的，而且受其影响。"情境语境"学说被韩礼德进一步发展，并从社会学角度去研究语言，同时将语言中的社会符号学提了出来。其次是"系统"概念，但是他重新规定了"系统"的意义，因此韩礼德在系统语言学方面影响较大。系统功能语言学派在全球范围内拥有广泛的追随者，目前已发展成为最具有影响力的语言学学派之一，与生成语法、认知语言学并驾齐驱，各自在不同领域占有重要地位。在系统功能语言学理论模式中，除了"系统"和"功能"以外，还有三个关键词："词汇语法""（语篇）语义"和"语境"，该理论在近几十年的形成和发展中，可分成三个时期，主要包括以下方面：

第一个时期，20世纪五六十年代。韩礼德率先把词汇语法纳入语言研究中，这个时期他的主要工作是构建词汇语法。在这一时期，韩礼德构建了一个分析框架，旨在妥善处理语言单位之间的关联，并为后续的系统功能理论构建奠定坚实基础。基于对汉语的描写，他建立了"阶和范畴语法"，这一语法理论是系统功能语言学的雏形。语目中有单位、结构、类、系统等四个语法范畴，并划出三种抽象的阶，即级阶、说明阶和精密度阶，分别相当于"等级系统""分类学"和"连续体"。级阶是指语言材料是由高阶位单位到低阶位单位组合而成的，具体而言就是，句子/复合句是由词组/短语构成的，词组/短语是由词构成的，词是由词素构成的。说明阶要说明语言材料属于哪种类型的范畴，其单位是词组，其结构是冠词+形容词+名词，其类属于名词词组，其系统属于词组系统（包括名词词组、动词词组、形容词词组、副词词组）。语言学理论应由一系列相互关联的范畴构成，这些范畴应能够全面解析语言材料，并允许在不同层面上对材料进行深入剖析。经过深入分析，"结构"与"系统"为两大核心概念，而语言结构的表层形态则表现为"阶"与"范畴语法"。然而，对于这两者间的内在关联，尚未进行详尽的探讨。

韩礼德区分了表层与深层结构，明确指出"结构"代表"组合关系"，"系统"代表"聚合关系"，此区分表明原先存在的"阶和范畴语法"已经发展成为一种"系统语法"。同时解决了阶与范畴（阶指系统，范畴指结构，系统关系到聚合，而结构关系到组合）之间的关系问题，首要的是系统，它构成了语言中基本的深层关系，而结构是系统的体现，人们要把系统从结构中解放出来。各个独立的系统之间能够相互关联，进而构成一个更为庞大的系统网络。在20世纪五六十年代，系统功能语言学开始构建描写词汇语法的普通语言学理论。在韩礼德的普通语言学理论中，他将词汇语法的描写与功能语义紧密相连，强调了语言使用的社会环境对语言结构和语义的影响。通过词汇语法、功能语义及语境的构想，韩礼德成功构建了普通语言学理论的基本框架，将语言的结构与功能有机地结合起来。

第二个时期，20世纪七八十年代。在这个时期需要解决的一个重要问题是如何有机地联系词汇语法、语篇词义和语境，建立联系体系。在这个时期，词汇语法与语义被视为"体现"关系，体现了语言的三大元功能：概念功能、人际功能和语篇功能。这种体现主要表现在物件系统、语气系统和主位—述位系统中。韩礼德与其夫人在这一时期将这三大元功能与语境的联系建立起来，概念功能指向"话语范围"，人际功能指向"谈话人关系"，语篇功能指向"话语方式"，从而构建了词汇语法、语义和语境之间的对应"体现"关系。这种对应关系实质上是词汇语法、语篇语义和语境三者之间相互依存、相互作用的体现。语境的实现依赖于语义的准确表达，而语义的传达则离不开词汇和语法的精确运用。因此，词汇语法、语篇语义和语境三者紧密相连，共同构筑了一个全面而严谨的语言体系。在这个体系中，词汇和语法作为基础要素，通过语义的丰富和语篇的连贯，实现了对语境的完整呈现。

　　语义与词汇语法之间的关系远非简单的一一对应，而是涉及一种非一致式的词汇语法形式体现。这种现象表现为概念所对应的语法形式可能是物质过程或心理过程，从而形成一种不一致的现象。韩礼德提出了语法隐喻概念来解释这种非一致性问题。语法隐喻是指字面意义与隐喻实现的意义之间的差异，这种差异在于语义与词汇的迥异，其中包括概念隐喻和人际隐喻。

　　概念隐喻是语法隐喻的一种表现形式，它体现在词汇语法层次上。通过重新组合词汇语法，概念隐喻实现了语义的转换。这种转换展现了语言的层次化结构对实现语法隐喻的重要作用。语言在表达概念时，不仅依赖于词汇的选择，还依赖于词汇的组合和语法结构的变化。举例来说，词语"火车"在字面意义上表示一种交通工具，但在某些情境下，它也可以隐喻着"时间的流逝"或"生活的旅程"，这种转换就是概念隐喻的体现。

　　人际隐喻则是指语言运用中人们通过语法结构隐含的社会文化常识来传达信息。这种隐喻通常在非字面的语境下体现出来，通过人们共同的语言背景和文化认知来传达更深层次的含义。例如，"明天我们公司要开刀了"中的"开刀"一词并非字面上的手术意义，而是指公司即将进行人员裁员的含义，这就是人际隐喻在语言交流中的运用。

　　随着功能语法的逐渐成熟，对语言的理解也得到了进一步的提升。功能语法引入了对小句之上的语篇语义的研究，这一进展使得我们能够更好地理解语言的整体意义。然而，尽管功能语法已经在语言研究中取得了显著进展，但对语篇层面意义的解释和论述仍然是一个亟待解决的问题。衔接理论论述了外语语篇中词汇语法系统如何体现"衔接"。鉴于句子间的逻辑连贯性需求，重点探讨超越单个句子的语法单位，这些单位作为构建完整篇章的语言基础，其特性为非结构性。从这一视角出发，结构性资源主要由较小的语法结构承担构建任务，而非依赖衔接机制。因此，20世纪七八十年代，小句系统的功能语法已经日趋成熟，其在词汇语法的论述方面也展现出了高度的系统性和完整性。在此基础上，人们成功构建了词汇语法、语篇词义与语境之间的体现关系，实现了从词汇语法向语篇语义的拓展，为语境的深入探讨奠定了坚实基础。

第三个时期，20世纪90年代至今。20世纪90年代以来，功能语言学对于词汇语法的论述在精密度上呈现出三个趋势：①对"词汇—语法"的描写出现了分工；②对语言的系统论述和功能论述更加精密；③对语言的论述从英语扩展到其他语系。小句的系统网络中词汇语法的论述精密度逐渐得到延伸，从而构成越来越细密的系统网络。

韩礼德等学者的研究，从个别语言的探讨起始，逐步扩展至不同语言的比较，并最终深入到语言类型的分类，每一步都为普通语言学理论的构建提供有力的证据与基础支撑。然而在这一时期，系统功能类型学已逐渐由系统功能学者构建起来，并朝着构建功能语义学的目标稳步前进。此时，马丁等人着手构建语篇语义的系统，主要是为了解决类似小句语法与衔接理论之间的综合性问题。他们着重描写了语篇语义系统，特别是人际语篇语义的内容，而且表明了人际意义的三个系统是"评价系统""协商系统"和"参与系统"，其中对评价系统，也就是评价分析框架的论述最为完善和系统。以评价系统为例，该系统在处理评价时，并不涉及级阶的问题，因此无需将文本细分为小单位。用户可以选择对整个语篇进行分析，或者选择分析小句、词组、词汇等任意单位。评价分析过程完全基于释义，不同用户可能会产生不同的观点和理解。表达意见时包括三个维度：程度、态度、承诺。程度是指表达时的肯定程度或激烈程度；态度是通过评价、欣赏或感情来表达，承诺是指可以对某个观点表示否定、支持、远离、中立等，这个时期在语境的研究方面获得了突破性进展，主要涉及两个维度：①语境层次方面的发展，详细阐述了语境的层次化过程；②"例示化渐变体"对语境的描绘。

马丁把语境本身看作意义系统，即把语言的意义系统视为表达层，并把语境层次视为意识形态、语类、语域。当话语范围、话语方式、谈话人关系给定之后，所能使用的语体也就决定了，这种语体叫作"语域"。例如，教师在讲授语言学课程时，话语内容严格限定于语言学的专业范畴内，以口头表达的方式传达给学生。在此过程中，师生之间构建了清晰明确的教学关系。为了保证教学内容的精确性和严谨性，教师应以正式且专业的外语语体进行授课，以确保知识的准确传递和学生的学习效果。

　　语言的不同层面包括意识形态、语类和语域。语域位于最低层面，受到话语范围、话语方式和谈话人关系的影响，与语言的概念、人际和语篇功能相对应。意识形态是位于最高层面的，通过社会意义资源的目的取向形成，反映了社会中意义资源的不均衡性。关于这三个层面，处于中间层面的语类是目前研究得最多的，其中最引人瞩目的是以马丁为代表的悉尼学派的研究，如马丁与罗斯对语类关系的研究。目前，马丁的评价系统使用最广泛。马丁的评价系统受到层次语法和哈桑的语篇语义学的影响，他属于语篇语义理论，结合三大元功能描写语篇的组织结构。人际方面特别包括协商（双方交流思想）和评价（双方协调他们的态度）。在概念层面，涉及将个体的经验整理为与人物和事件紧密相关的活动，并将这些活动以有机的方式相互关联。在语篇层面，注重介绍人物、地点和事件，同时根据信息板块来合理组织整个语篇的内容，以确保信息的清晰、准确和连贯。

　　语境可以被视为一个例示化渐变体，其一端是文化语境，另一端是情境语境。文化语境是情境语境的一个系统终端，情境语境则是文化语境的例示。在这个例示化渐变体中，机构与情境类型是中间单位。这种观点将语篇与语言系统联系在了一起，突显了系统和语篇之间的紧密关系。这意味着语言的使用不仅受限于文化传统和价值观念，同时也受到具体情境的制约与影响。因此，一个人的言论可能在不同的语境中产生不同的解读，进而引发不同的社会反应和行为。韩礼德通过例示化渐变体的方式，将语篇与其背后的潜势，即语言系统，紧密地联系起来，这种联系体现了系统和语篇之间的紧密关系，它们两者在例示化渐变体上分别占据了两个极端位置。一端是抽象而系统的语言规则；另一端则是具体而实际的文本应用，这种关系的确立不仅有助于更深入地把握语言系统的内在运作机制，同时也能更好地理解文本生成的实际过程，为语言学研究提供有力支持。

　　韩礼德提出的"层次化—例示化矩阵"为我们深入理解语言系统的结构提供了新的视角。这个矩阵既考虑了层次化角度的"词汇语法→语义→语境"，又融合了例示化角度的"系统—语篇"的思想。通过这个矩阵，人们可以更清晰地认识到语言系统各个层面之间的关系，以及它们是如何相互影响和相互作用的。这不仅有助于人们对语言学理论的深入理解，也为语言教学和语言应用提供了新的思路和方法。

自从进入20世纪90年代，对于词汇语法的描写，系统功能语言越来越细致了，并勾勒出系统功能类型学的研究纲领；对语篇语义的研究着重探讨语义系统的描写；对语境的研究中，认识较以往更加清晰，同时为语言学相关的其他方面的研究提供了支持。但是从整体趋势上而言，系统功能语言学已经从词汇语法扩展到了语篇语义，慢慢又扩展到对语境的研究。从宏观视角而言，系统功能语言学的发展历程呈现出一种逐步深化的趋势，其研究起点是聚焦于小句层面的语法分析，随后逐渐拓展至对整个语篇的深入探究。而当前，该领域正致力于构建更为深入、精细的语境语法研究，以期更全面地揭示语言的功能和特征。

系统功能语言学与其他语言学理论有许多相同之处，它不仅研究了语言的性质、语言过程和语言的共同特点等根本性的问题，还探讨了关于语言学的应用方面的问题。在系统语言学中，它主张描写主义，反对规定主义。系统语言学家的理论目标是要使自己的理论确有见地，内部紧凑，前后一致，清楚明白。语言学是一门独立的学科领域，同时亦与其他学科保持着紧密的学术联系。在系统功能语言学的领域内，其与层次语法和法位学语法的理论观点较为相似，而与转换生成语法的理论观点则存在明显的差异。

（三）基于结构主义的博厄斯和萨丕尔流派

结构主义是20世纪初诞生的一个共时语言学分支，它在人类学家博厄斯的领导下，形成了完全不同于欧洲传统的风格。2000多年前欧洲的语言学就开始出现了，而美国的语言学则是在19世纪末才出现的。在欧洲很多国家各自拥有独特的官方语言，美国的文化背景与欧洲传统存在明显的不同。对于语言学的深入探索，人类学家始终保持着高度的兴趣和关注。

作为北美人类学专家，在语言学的研究方面，博厄斯没有受过任何正规训练，他自学成才，成为一个语言学家。语言具有普遍性，世界上不存在最理想的语言形式，因为人类的语言是无穷无尽、千差万别的，尽管一些原始部落的语言结构似乎非常武断，甚至不合理，但这种判断没有丝毫事实依据，因为对于原始部落成员而言，印欧语同样没有道理。种族的进化和文化的发展与语言形式之间实际上没有必然的联系，鉴于历史演变，原本同族的人群开始采纳各异的语言表达，同时一种语言也可能被多个种族共同采纳和使用。

即便是在同一语系内,语言的使用者亦可能拥有各自独特的文化特色。因此,语言之间的差异核心在于其结构层面,不应简单地将其归结为合理与不合理或发达与不发达的对立关系。

　　语言学的框架主要涵盖三个核心方面:语音、语义范畴以及语法组合过程。每一种语言都构建在这些基础之上,展现出独特的语音特征和语法系统。语言学家的职责之一是对这些独特特征进行概括和分析,揭示语言的特殊范畴和结构。因此,他没有采取跟英语或者拉丁语等语言比较的方法,而是用分析法来处理美洲印第安语的数据。

　　与博厄斯一样,萨丕尔也是一位杰出的人类语言学家。在和博厄斯见面之前,萨丕尔正在攻读日耳曼语硕士学位,自信能够非常好地理解语言的本质。但当他遇到博厄斯之后才发觉,自己似乎仍有很多东西需要学习。于是,他按照博厄斯的方法,通过具有自身文化背景的当地人,开始调查美国印第安语。对萨丕尔而言,这是一次前所未有的体验,摒弃了传统方式,将印欧语法范畴应用于其他语言领域。萨丕尔的学生沃尔夫继续发展了他关于语言与思维的理论,该理论被称为"萨丕尔—沃尔夫假说"。

　　语言学的框架主要涵盖三个核心方面:语音、语义范畴以及语法组合过程。每一种语言都构建在这些基础之上,展现出独特的语音特征和语法系统。语言学家的职责之一是对这些独特特征进行概括和分析,揭示语言的特殊范畴和结构。

　　从人类学的视角来看,萨丕尔对语言的本质与发展进行了描述,为研究语言提供了适当的视角。他强调了语言的变异性以及与其他人文问题的紧密联系。在他的观点中,语言被定义为人类自觉创造的符号系统,用于传达思想、情感和欲望。这种定义将语言置于人类文化和社会实践的背景中,强调了语言与人类思维和行为之间的密切关联。语言和意义之间虽存在密切关联,但并非不可分割。语言作为交流工具,承载着思维的表达与传递。然而,这并不意味着没有语言,思维便无从谈起。思维作为一种心理过程,可独立于语言之外存在。尽管语言与意义在某种程度上能够相互融合,但二者本质不同,不可混为一谈。

　　语言的普遍性特征。无论一个民族和部落是多么的野蛮,多么的落后,都有属于自己的语言。虽然各种语言在形式上存在显著的差异,但它们的核心架构,包括明确的语音体系、声音与意义的紧密结合,以及表达各种关系的多样化手段等,均展现出了高度的发达性。语言作为人类最古老且珍贵的遗产,其重要性不容忽视,因为缺少了语言,文化便无从谈起。

(四)基于结构主义的布龙菲尔德流派

布龙菲尔德作为美国语言学的主要代表,被誉为"布龙菲尔德时代"的代表人物,该时期跨越了1933年至1950年,被认为是描写语言学发展的高峰。描写语言学作为心理学的一个分支,主要源于行为主义的思想框架,其核心观点是儿童语言学习通过"刺激—反应—强化"的过程进行,而成年人的语言使用更倾向于"刺激—反应"模式。这一时期的语言学研究强调了对语言现象的客观描述和分析,强调语言研究应当建立在可观察到的事实基础上,远离主观假设和理论推测。行为主义的方法论进入语言学之后,在语言学研究中的普遍做法是,为了获取准确可靠的语言事实描述,应专注于听取并理解本族语言者以其母语自然表达的语言情况,而非过分关注他们对于自己语言的主观观点。为实现这一目标,必须着重观察说话者在自然语境中自由表达的语言,而非单纯依赖通过询问所获得的语言描述。

布龙菲尔德论述了语言学在语言教学方面的应用,与此同时批判了传统语法。传统语法学大部分都是规定性的,在语言教学中,往往把发音放在首位,而不是过多地关注文字形式。在语言学习的道路上,单纯传授语法知识是远远不够的,必须转变传统的教育方式,强调实践与应用的重要性。学生需要在真实的语境中,通过不断的实践来学习和运用语言,才能真正提高他们的语言水平。

(五)基于结构主义的后布龙菲尔德流派

20世纪50年代,随着电子计算机的发展,一些语言学家开始意识到传统的语言学研究方法的局限性。他们认识到,普通语言学研究的正确目标应当是发明一套明确的"发现程序",通过计算机处理语言数据,构建没有语言学家干预的完整语法体系。在后布龙菲尔德时期,人们是通过对所有数据进行一系列恰当的操作而发现语法的。人们必须从作为音位的语音流入手进行语音分析,因为语料数据库是由言语组成的。音位是构成不同类型结构的基础元素,因此这些结构可以按照最小的可重复排列或语素形式进行分类,这些分类方式均基于语素成员的一致性。在语言学领域,语言学家的核心职责在于深入探究语言的构成元素,即语素,并揭示这些语素如何组合以形成语法规则。随着后布龙菲尔德时代的来临,语言学家们开始对话语层面进行深入研究,以探索并建立描述句子及其以上结构层次的系统方法。

泽里格·哈里斯提出了精确分析和高度形式化的语言描写技术,以分布关系逻辑为基础,构建了一套严格的语言结构分析方法。在他的方法中,语言被视为一种系统,其元素之间的关系可以通过精确的描述和形式化方法来捕捉和分析,但是他也因此而受到批评。哈里斯的理论是循环的,单位来自分布,但是分布又会依赖环境,环境又是由单位组成的。

查尔斯·弗朗西斯霍凯特是一个语言学家,也是一个人类学家,他在音位学、语素分析、语法解构以及普通语言学等多个领域均作出了杰出的贡献,并坚定地维护结构主义的立场。

肯尼斯·派克的法位学也在语言学领域产生了深远的影响。法位学强调了语言和事物的层级结构,并将其分解为不同的基本单位,如轨位、类别、角色和接应等。这种层次结构的思想为语言研究提供了一个全新的理论框架,使研究者能够更加系统地理解语言的结构和功能。通过法位学的分析,人们能够深入探讨语言中各种现象和规律,并进一步推动了语言学的发展。

在法位学的指导下,语言学家们开始意识到语言不仅仅是一种表达工具,更是一种复杂的社会文化现象。因此,法位学的最终目的不仅在于提供一种综合的理论框架,更在于探索语言背后的各种社会和心理因素。这种综合性的研究方法使得语言学能够更好地理解语言在人类社会中的作用和意义,从而为语言学研究提供了新的思路和方法。

但人们也逐渐意识到,语言作为一种人类行为,很难被严格形式化。语言具有其固有的多样性和变化性,这使得单一的理论框架很难完全解释和涵盖所有的语言现象。因此,法位学追求的多元性目标变得愈发重要。它不仅仅是局限于采纳唯一正确的语法或语言学理论,而是通过多样化的模式展现语言的多样性,以适应不同语言和不同文化背景下的研究需求。

正是在这种背景下,语言学研究进入了一个更加开放和多元的时代。学者们开始尝试不同的研究方法和理论框架,以便更好地理解语言的本质和结构。这种多元性的趋势为语言学研究提供了新的机遇和挑战,也为学科的发展注入了新的活力和动力。

乔治.K.B.兰姆从20世纪50年代开始,一直在含有三层次(音位、形素、形态音位)的语言学模式中研究自己的理论,这就为他的层次语法奠定了基础。虽然关系系统不可直接观察,但语言学家必须观察实际使用中的语言结构是如何体现系统的。通过分析语料，语言学家必须构建出代表其潜在关系系统的表达式。语言学分析最好被理解为一个简化过程，这是一个具有简化与概括双重性质的过程。第二个表达式比第一个简单，而且含有一个它所没有的概括。因此，语言学家可以像学生做代数一样研究语言。语言的本质就是把声音与意义相结合，或把意义与声音相结合。尽管关系错综复杂，但可以将其视作一系列相互关联、层层嵌套的层次系统。各层次系统均有其独特的结合规则，且在各层次间相互关联的基础上，实现有序的连接。

在语言的众多层次中，有四个主要层次，自上而下依次是义位层、词位层、形位层、音位层。每个层次上的每个成分都是由更小的"子"单位构成，如义子、词子、形子和音子。层次语法通过节点和线把层次上的所有关系连接在一起，把语言分析带入一个关系网络。语言中的各种不同关系都是用关系网络中的三个模型来实现的：交替模式、配列模式和符号模式。尽管兰姆先生对语言中具体包含多少个层次无法给出确切答案，但通过对语言进行层次分析，似乎能更加清晰地揭示声音与意义之间的内在关联。

二、基于结构主义的外语教学实践

结构主义作为一种语言学理论，自诞生以来便对语言教学产生了深远的影响。在外语教学实践中，结构主义理论的应用不仅丰富了教学手段，也提高了教学效果。结构主义语言学理论强调语言的系统性和结构性，认为语言是由一系列的规则、结构和要素组成的系统。在结构主义视角下，语言学习被看作是对语言结构的掌握和运用，这一理论为外语教学实践提供了有力的理论支撑，使得教师在教学过程中更加注重对语言结构的讲解和训练。

（一）结构主义在外语教学中的应用

第一，语法教学。结构主义理论在外语教学中的首要应用体现在语法教学上。教师通过对语言结构的分析，帮助学生理解并掌握语言的语法规则。例如，在外语教学中，教师可以通过对句子成分的划分、时态的分析等方式，使学生更好地理解语法结构，从而能够更准确地运用语言。

第二，词汇教学。在词汇教学中，结构主义理论同样发挥着重要作用。教师通过对词汇的分类和比较，帮助学生理解词汇之间的关系和联系。通过构词法的讲解，学生能够更好地掌握词汇的构成规律，从而扩大词汇量，提高词汇运用的准确性。

第三，听说教学。听说教学中，结构主义理论的应用主要体现在对语言结构的模仿和操练上。教师通过设计各种听说活动，让学生在实践中掌握语言的发音、语调、节奏等要素，从而提高学生的听说能力。通过对语言结构的分析，教师还可以帮助学生更好地理解听力材料，提高听力理解水平。

第四，阅读与写作教学。在阅读与写作教学中，结构主义理论的应用主要体现在对篇章结构的分析和训练上。教师通过对不同文体篇章结构的讲解，帮助学生理解并掌握不同文体的写作特点和技巧。通过对阅读材料的分析，教师还可以引导学生理解作者的写作意图和表达方式，从而提高学生的阅读能力和写作水平。

（二）结构主义在外语教学中的优势与发展

第一，结构主义在外语教学中的优势主要体现在：①结构主义强调对语言结构的掌握，有助于提高学生的语言准确性和规范性；②通过对语言结构的分析，学生能够更好地理解语言的内在逻辑和规律，从而提高语言学习效率；③结构主义教学方法注重系统性和整体性，有助于培养学生的语言综合运用能力。

第二，结构主义在外语教学中的发展主要体现在：①结合交际教学法，注重培养学生的语言交际能力。在实际教学中，教师可以结合交际教学法，设计更多具有实际意义的交际活动，让学生在真实的语境中运用语言，提高他们的语言交际能力。②引入多媒体技术，丰富教学手段。通过利用多媒体技术，教师可以为学生呈现更加生动、直观的教学内容，激发学生的学习兴趣和积极性，提高教学效果。③关注学生个体差异，实施差异化教学。不同学生的学习需求和学习能力存在差异，因此在教学过程中，教师应关注学生的个体差异，根据学生的实际情况制订个性化的教学方案，以满足不同学生的需求。④不断更新教学理念和方法，适应时代发展。随着语言学理论的不断发展和外语教学的需求变化，教师应不断更新教学理念和方法，关注新的研究成果和教学动态，以便更好地指导教学实践。

总而言之，基于结构主义的外语教学实践在外语教学中具有重要地位。通过对语言结构的深入分析和训练，结构主义教学方法有助于提高学生的语言准确性和规范性，培养他们的语言综合运用能力。然而，也需要认识到结构主义教学方法所面临的挑战和不足，通过结合其他教学方法、引入多媒体技术、关注学生个体差异以及不断更新教学理念和方法等方式进行改进和发展。

第五节　基于交际理论的外语教学

一、交际理论的源流

交际理论是一门新兴的边缘交叉学科，人类学、社会学、心理学、教育学、语言学、认知科学等多个学科门类组成了交际理论的认识论基础。交际理论影响下的交际教学方法从诞生伊始就是非常复杂的混合体，以区别于其他语言教学法流派通常被称为交际途径或交际语言教学。交际是人与人之间的交往，或人际往来。人际交往是一种社会现象，属于社会语言学范畴，受社会文化、价值观念和行为规范等整个社会环境所形成的有形或无形的、物质或精神的系统所制约。因此，交际就是通过口头语、书面语或身体运动（非言语行为）分享和交换观点、感知、信息相互理解、相互熟知的活动。

交际可以是人与人之间的面对面交流，也可以是信息间的传递、传播。信息是人际交往的工具或手段，这种信息可以是语言的，也可以是非语言的。用语言信息交流就是言语交际，包括声音、文字、符号等；用非语言信息交流就是非言语交际，包括身体语言、体距、人体特征、器物饰品、服饰、环境等。身体语言包括眼神、手势语、面部表情、站姿、走姿等，是无声的语言，能传递有效的交流信息，有时与语言信息交织，有时独立存在。体距可以预示交际者之间的身份特征、角色关系以及亲疏程度，如陌生人之间的交流会保持相对的距离，熟人间交流时身体间距较小。人体特征特别是面部特征、相貌、体形都能表达相关的交际信息，形成交际"第一印象"。器物饰品往往能够体现交际者的身份地位以及价值追求，而服饰则更多地展现出交际者的职业特点和审美倾向。在交际过程中，环境对交际行为具有显著的引导作用，并对最终的交际效果产生深远影响。

使用外语进行交际是语际交际行为，涉及交际者母语与目的语之间的语码转换、重构等语言本身的问题，也涉及语言承载的文化以及语言使用环境等诸多因素的影响。因此，在外语学习的过程中，交际活动往往涉及不同文化之间的交流，这即为跨文化交际。因此，培养学习者的跨文化交际能力不仅是外语教学的核心目标，更是其价值取向所在。

对语言本质的不同认识会形成不同的语言教学观。传统的语言研究把语言作为独立的符号，着重研究语言的形式、规则和结构，很少考虑语言在具体社会环境中的使用规律和语言受社会环境制约的各种变异因素。语言的社会交际功能是语言的最本质功能，也是认识、研究语言的最核心要素。交际过程的特征主要包括：①交际具有双向性和多向性，交际双方或多方进行信息交换的同时表现出交际意图，即目的；②交际者会依据社会规约创造性地选择和使用语言形式；③真实的交际是交际者情意、情感与情境的互动，语言交际与交际者的情感因素和交际场景密不可分；④由于交际对象、社会地位和场景不同，运用语言的特点也不同；⑤现实交际中的言语交际包含言语和非言语行为，两者配合使用。学习语言不仅只是能制造出合乎语法的句子，还包括能否恰当地使用语言进行交流，即语言的得体性，涉及语言、修辞、社会、文化、心理等多种因素，也包括一个人运用语言手段（口头语或书面语）和非语言手段（如体态语）来达到某一特定交际目的的能力。

交际能力是指一个人对潜在的语言知识和能力的运用，包括四个重要参数，即语法性、适合性、得体性和实际操作性。交际能力是一个人使用语言知识的能力，它不仅包括使用语言知识准确地表达意义的能力，还包括在不同的语境中选用不同的形式、方式进行表达以及表达是否得体的能力，不仅包括掌握语言形式规则，还要掌握语言使用的社会规则。交际能力是在具备一定的语言能力的基础上，根据具体的交际语境、交际对象而采用恰当的会话技能来进行人际交流的能力，是一种你来我往的磋商过程。交际能力的理论基础是传播学。交际者在特定的文化背景下，会以其本族语文化为基础和参照框架进行跨文化交流，并以本族语文化的特点来思考和评估目标语言文化。在这一过程中，交际者可能会表现出对目标语言文化的明显文化局限性和排他性。同时，由于文化差异甚至冲突，跨文化交际中常常会出现障碍。

交际语言教学的理论基础主要源于功能语言学、社会语言学以及海姆斯的交际功能理论、威尔金斯的意念功能理论和其他语言学家的研究成果。由于缺乏系统严密的理论体系，交际教学途径虽然被广泛采纳，并演进为风靡一时的主流语言教学范式，但交际语言教学仍未获得与其他语言教学流派相提并论的地位，通常被界定为一种教学途径，或者一种教学模式，而没有成为一种语言教学流派。

二、基于交际理论的外语教学前提

（一）语言是基于情境的交际

1. 生态观语言学

语言教学活动是主体、客体和环境等方面的综合作用，是影响语言学习各要素组成的一个完整的语言生态系统。语言生态可以定义为任何一门语言及其环境之间相互作用的研究，是生态学和语言学的交叉学科。环境分为心理和社会两个领域。心理领域指某种语言和其他语言之间相互作用的领域，比如乔姆斯基学说的出发点是心理学角度，企图发现、解释不同语言间的生成、转化规则；社会领域指某种语言和该语言所处社会环境之间相互作用的领域，如韩礼德的功能语言学的出发点是社会学角度，关注语言与社会环境的关系。生态语言学着重于探究语言间的相互关联，并深入剖析语言与其所在环境之间的紧密联系，这些关系与要素共同构成了一个相互依存、和谐共生的生态系统。

生态视野下的教育观是在维护人与环境自然协调发展的思想指导下，思考教育现象和教育问题时形成的基本教育观点和理论，初步确立了系统整体观、动态发展观、互动开放观、尊重差异等新兴的教育理念，着力于改变教育生态中的失衡状态，寻找教育生态的再平衡，最终培养全面发展的人，这种把学习语言的人的发展作为出发点，全生态考量语言教育的思想对语言教学有极其重大的启迪作用。外语教学从长期的分化，热衷于某一种教学流派后，开始走向系统综合，以生态教育观为指导，全面审视语言教学生态系统中各要素间的相互关联与内在规律，致力于构建和谐的课堂教学环境，无疑是一种正确的教育取向。这种取向强调从整体性、系统性的角度出发，全面考虑教学过程中的各种因素，以实现教学效果的最优化。通过深入理解和把握语言教学生态系统的内在逻辑，能够更好地指导教学实践，提升教学质量，为学生的全面发展创造有利条件。

生态教育观视野下的教师专业发展具有发展性和合作性特点，教育生态中的各个成员需要相互支持，合作发展，这是对进入后方法时代的教师角色的重新定义。随着社会的进步与发展，特别是信息技术革命对教育关系的变革，敢于接纳有缺陷的自我，勇于面对学生的质疑，奉行师生平等是当下教育改革对教师的期待。

2. 外语情境教学活动

广义的交际环境包括语言所处的整个社会环境、校园环境和课堂教学环境等物理学意义上的环境，也包括国家外语政策规划、目标定向，社会对外语语言的看法、态度，学校文化及其影响下形成的外语子文化学习者的家庭环境等文化学意义上的软环境。狭义的交际环境指情境即特定的外语教与学情境，也可以指语言使用的语境即语言成分的上下文，以及交际对象、交际时间、交际地点等与交际行为关联的语言使用环境。外语教学活动离不开环境、语境和情境，从某种意义而言，因为外语教学主要发生在学校课堂，所以外语课堂教学的关键就是改善教学环境，利用语境创造情境。外语教师需要更加关注如何为学生提供最有利于外语学习的环境和尽量真实的语境，更加关注社会的发展、学生的生活经验以及学校的教育情境，为了为学生创造一个优质的外语学习环境，教师应致力于在有意义的社会、生活和学校背景中提供外语学习的机会。通过融入实际情境的课堂教学活动，期望学生能够在实际交流中提升外语运用能力，培养其真实场景下的外语交际能力。

由于缺乏目的语使用环境，外语学习更多是"习得+学得"的过程，外语课堂教学情境依据课堂活动的类型、目的、教学内容以及情境生成的条件可以分为有意义的情境和交际情境两大类。有意义的情境是教师故意创设的课堂学习情境，出于开展有意义的练习，进行意义协商和帮助学生促成语言形式与语言意义的联结，形成音、形、义完整组合并被通过强化训练而熟记，有意义的情境是半真实的活动场景，不一定有交际性。交际情境的设定应当力求真实或贴近真实生活，通过模拟生活化场景和设定贴近实际生活的活动任务，以促进教学过程中的交际互动，这种教学方式有助于提高学生的实际交际能力和应对各种生活场景的能力。

有意义练习是"从形式到意义"的练习，语言形式是有意义练习的逻辑起点。在教师或教材提供的语言样本内自由、创造性的表达，既符合外语教学摆脱不了语言结构开展训练的实际，有效避免学生由于对语言形式不熟悉而无法进行意义协商，或者总是重复教材提供的语言形式而导致的情感懈怠和语言水平停滞不前，也便于教师根据学生的实际语言水平进行教学提示、提供替换表达形式等灵活的方法，关注学生的个体差异，进而使每个学生有话可说。经过精心设计的练习，有助于学生深入理解语言信息的组织方式，掌握主位和述位信息的分布规律，进而培养出迅速解析信息的能力。

语法规则的有意识学习能转化成理解和产出（运用）的无意识过程，如果说句型操练是有意识的语法规则学习，是机械性的，那么有意义的练习就是学生在理解语法规则的基础上运用所学语言形式表达真实意义的过程。尽管学生所选择的表达形式与自己的真实生活情境发生了联系，语言信息是真实的，但是整个练习仍在教师或者教材提供的语言样本的控制之下进行，学生没有完全自主选择话题范围、语式进行完全自由表达的机会或权利。因此，在半真实的情境中进行的练习往往更具意义。在这一过程中，意义的协商往往处于相对较低的层次，更多地侧重于信息的传递与交换。值得注意的是，这种交流形式通常不涉及评价性或批判性的思维认知能力。

交际情境是真实生活中的场景和事件，如问路、订机票、制作通讯录等。课堂"真实情境"，是指现实生活中普遍存在的交际场景在课堂中的再现，或者模拟的真实情境。课堂真实交际情境至少包含三个条件：①情境是现实生活中有的，不是虚拟的；②语言信息是自然的、真实的，不是人工信息；③有利于培养学生的真实交际能力，而不是"虚假的交际能力"。

真实任务是指接近或类似现实生活中各种事情的任务，学生在离开课堂以后在学习、生活、工作中可能遇到的各种事情，如预订机票、收听天气预报等。与真实型任务相对的是学习型任务，即课堂以外一般不会发生的一些事情，如学生分组找出两幅图片中的不同之处，根据故事的情节为图片标出序号，围绕某个问题讨论并提出解决方案等。学习型任务是为了实现语言形式训练而专门设计的任务。任务注重内容，是无计划的、自然的、真实的教学路子；活动注重方式方法，是传统的、直线型的、渐进式的教学路子。教学任务和教学活动可以涵盖语言性和交际性两类任务，只要这些任务能通过外语语言来完成，均可视为教学或教学活动的范畴。语言是情境中的交际，外语课堂教学情境既包括为了强化语言形式的半真实性情境，也包括真实的交际情境，既包括学习型任务，也包括真实性任务。

（二）外语语言能力是交际的基础

交际能力在外语学习中占据着举足轻重的地位，它不仅是外语语言能力的发展和活用，更是语言学习者在跨文化交流中有效传达信息、建立人际关系的重要手段，这两者之间并非彼此独立，而是相互依存、相互促进的。外语语言能力作为交际能力的基础，其内涵远超过简单的语法规则掌握，它涵盖了丰富的语篇知识，包括篇章结构、段落衔接、信息组织等方面的内容。

同时，外语语言能力还要求学习者具备合理运用这些语篇知识的能力，能够在不同语境下恰当地选择和使用语言，使表达更加流畅、自然。

此外，外语语言能力还涉及语言运用能力和得体表达言语行为的能力，这要求学习者不仅能够准确地使用词汇和语法形式，还要能够根据不同的交际场合和对象，选择合适的语音形式来表达意义，这种能力的培养需要学习者具备丰富的语言实践经验，不断在实际交际中磨炼和提升。值得注意的是，外语语言能力的培养并非孤立进行，它涉及多个学科的知识，如篇章语言学、语用学、传播学等，这些学科为外语学习者提供了深入理解和运用语言的理论框架和实践指导。同时，交际策略技巧的培养也是外语语言能力发展的重要组成部分。学习者需要掌握有效的交际策略，如倾听、反馈、协商等，以便在交际中更加自信、灵活地应对各种挑战。

三、基于交际理论的外语教学模式

（一）任务型教学模式

任务型教学模式作为交际理论在外语教学领域的杰出应用，其核心理念在于以任务为驱动，通过设计具有实际意义的语言交际任务，使学生在完成这些任务的过程中，不仅提高语言技能，更能深入理解和运用语言的交际功能，这种教学模式将学习焦点从传统的语法和词汇知识转向实际的语言运用，使得学习过程更加贴近现实，更具实效性。

任务型教学模式的核心在于任务的设计与实施。任务的设计需紧密围绕教学目标，既要体现语言的交际性，又要考虑到学生的实际水平和需求。教师应根据学生的语言水平、兴趣爱好和实际需求，设计出既具有挑战性又富有吸引力的任务，这些任务可以包括角色扮演、情境对话、调查研究等，让学生在完成任务的过程中，充分运用所学的语言知识实现语言的交际功能。

在任务实施过程中，学生的主体性和合作性得到了充分的体现。学生不再是被动接受知识的对象，而是成为主动参与任务、解决问题的主体。他们需要通过合作、讨论、协商等方式，共同完成任务，实现语言交际的目标，这种合作性的学习方式，不仅有助于提高学生的语言交际能力，还能培养他们的团队协作精神和沟通能力。教师在任务型教学模式中扮演着重要的角色，他们需要充当任务的设计者、指导者和评估者。在设计任务时，教师应注重任务的层次性和渐进性，确保任务能够引导学生逐步提高语言交际能力。在任务实施过程中，教师应给予学生必要的指导和支持，帮助他们解决遇到的问题；通过对学生完成任务的情况进行评估，了解学生的学习效果，以便及时调整教学策略。

此外，任务型教学模式还强调学生在完成任务过程中的反思和总结。通过反思，学生可以深入了解自己在语言交际中的不足和优势，从而有针对性地改进自己的学习策略。通过总结，学生可以提炼出任务完成过程中的经验和教训，为今后的学习提供有益的借鉴。

（二）合作学习模式

合作学习模式作为交际理论的重要应用，其在外语教学中的价值日益凸显。该模式强调学生之间的合作与互动，通过小组讨论、角色扮演、辩论等多种形式，让学生在合作中共同提高语言交际能力。

合作学习模式的核心在于学生之间的合作与互动。在合作学习中，学生不再是孤立的个体，而是成为团队中的一员。他们需要与其他成员共同讨论、协商、解决问题，以实现共同的学习目标，这种合作性的学习方式，不仅有助于提高学生的语言交际能力，还能培养他们的团队协作能力、沟通能力和解决问题的能力。在合作学习模式的实施过程中，教师需要充当引导者和促进者的角色。教师应根据学生的实际情况和教学目标，设计合适的合作学习任务，并为学生提供必要的指导和支持。同时，教师还应注重培养学生的自主学习能力，使他们在合作中能够主动发现问题、解决问题，从而提高语言交际的效果。此外，合作学习模式还注重培养学生的批判性思维和创新能力。在合作讨论中，学生需要积极发表自己的观点，倾听他人的意见，进行深入的思考和分析，这种讨论和交流的过程，有助于培养学生的批判性思维和创新能力，使他们在语言交际中更具创造性和灵活性。

然而，合作学习模式的实施也面临着一些挑战。例如，如何确保每个学生都能积极参与讨论、如何平衡不同学生之间的语言水平差异、如何防止合作学习中的"搭便车"现象等。为了解决这些问题，教师需要精心设计合作学习任务，明确每个学生的职责和角色，建立有效的激励机制和评价体系，以确保合作学习的顺利进行。

总而言之，合作学习模式以其独特的教学理念和有效的教学方法，为外语教学提供了有益的启示，它强调学生之间的合作与互动，注重培养学生的团队协作能力、沟通能力和解决问题的能力。然而，合作学习模式的实施也需要教师精心设计和引导，以确保其在外语教学中的有效应用。

四、基于交际理论的外语教学效果与展望

（一）基于交际理论的外语教学效果

基于交际理论的外语教学模式在实践中取得了显著的效果。首先，学生的交际能力得到了显著提高。通过参与各种交际活动，学生能够更加自信地运用外语进行表达和交流。其次，学生的学习兴趣和积极性得到了激发。交际理论强调语言的实际运用和情境的创设，使得外语教学更加生动、有趣，从而吸引了学生的积极参与。最后，学生的自主学习能力得到了提升。在交际理论的指导下，学生需要主动探索语言交际的策略和技巧，这有助于培养他们的自主学习能力。

（二）基于交际理论的外语教学展望

随着教育理念的不断更新和技术的进步，基于交际理论的外语教学将呈现出更加广阔的发展前景，主要包括以下方面：

第一，技术与交际教学的深度融合。随着信息技术的飞速发展，多媒体、网络等技术在外语教学中的应用越来越广泛。教师可以利用这些技术手段，进一步丰富交际教学的形式和内容，创设更加真实、生动的语言环境，提高交际教学的效果。

第二，个性化交际教学策略的探索。每个学生的语言水平和交际能力存在差异，因此未来的交际教学应更加注重个性化教学策略的探索。通过了解学生的学习需求和特点，教师可以为他们量身定制合适的交际任务和活动，帮助他们更好地提高交际能力。

第三，跨文化交际能力的培养。在全球化的背景下，跨文化交际能力成为外语教学的重要目标之一。基于交际理论的外语教学应注重培养学生的跨文化意识，使他们能够理解和尊重不同文化背景下的交际方式和习惯，提高跨文化交际能力。

总而言之，基于交际理论的外语教学是一种注重语言实际运用和交际能力培养的教学模式。通过任务型教学、合作学习、情境教学等方式，学生在真实的语言环境中进行语言实践，提高交际能力。这种教学模式能够有效提

高学生的语言运用能力和综合素质，为培养具有国际视野和跨文化交际能力的人才提供有力支持。在未来的外语教学中，应继续深化对交际理论的理解和应用，探索更加有效的教学模式和方法。同时，还应关注学生的学习需求和个体差异，为他们提供更加个性化、精准化的教学服务。

第三章 外语教学指导及其应用实践

第一节 认知语言学对外语教学的指导

一、认知语言学的认知

（一）学科的创立

学科的创立往往源于对某一现象的深入探索和研究。正如语言作为符号系统以及交际手段，在结构主义语言学和语用学的框架内得到全面研究一样，认知语言学的兴起也是对语言与心智关系的一种深入挖掘。语言不仅是心智的产物，还是理解认知的窗口，通过它可以观察到人们的认知特点，探索认知能力的一般规律，从而更深入地理解语言。认知语言学的创立可以归纳为以下方面：

第一，语言外研究。语言作为人类认知的一个域，与其他认知域密切相关，体现了心理、文化、社会、生态等各种因素的交互作用。要揭示这种交互作用，就必须进行跨学科研究。

第二，语言内研究。对语言的理解和解释（体现为词义）必须参照百科全书式的概念内容，即人们的常识。而且我们不能将语言现象简单地分为音位、形态、词汇、句法和语用等不同的层次，而是寻求对语言现象统一的解释。

第三，对语言的理解。对语言进行统一解释的直接途径就是把语言看作人类认知过程——范畴化、概念化的结果。范畴化以广义的原型理论为基础，存在于语言的方方面面。范畴化过程主要依靠隐喻投射和转喻投射。概念形成则根植于普遍的物理经验,特别是空间经验,这一经验限制了人对心理世界的隐喻性构建。

(二)认知语言学的哲学基础

语言学,作为一门人文学科,其研究视野广阔,内涵丰富。在它的探索之旅中,哲学、逻辑学、心理学等学科的发展不仅为语言研究提供了理论背景,而且对其研究路径产生了深远的影响。在不同的历史时期,语言学总是围绕着占主导地位的基本观点发展,这些观点又受到当时占统治地位的哲学思潮的深刻影响。哲学观点不仅用于解释语言的最普遍规律,而且语言本身也反过来影响了哲学问题的阐释。

在语言学的研究历程中,我们可以观察到两种主要的哲学倾向,即"客观主义"和"经验主义",后者也被称作非客观主义或经验现实主义。客观主义强调客观现实的存在和客观规律的探究,而经验主义则强调个体经验的重要性,认为知识来源于经验。具体而言,经验主义有以下主要观点:

第一,思维与身体的关系是不可分割的。人类的认知结构源于身体的经验,特别是感知、动觉、物质和社会的经验,这些为直接概念、基本范畴和意象图式的组织和建构提供了基础。

第二,思维具有想象力。间接概念的产生是通过隐喻和转喻等思维方式,它们超越了对外部世界的直接映像或表征,从而产生了"抽象"的概念。

第三,语言符号并非简单地对应于客观外部世界,而是与认知参与下形成的概念结构相一致。意义和推理也是基于这些概念和认知模式。

第四,概念结构和认知模式具有完形特性。学习和记忆的认知过程依赖于完形结构,而非抽象符号的机械运算。

从以上观点可以看出,经验主义强调个体经验在知识获取中的重要性,认为语言符号和认知结构之间存在紧密的联系。这种观点揭示了认知语言学的基本哲学理念,即语言和认知是相互影响、相互制约的。

此外,认知语言学的哲学基础还受到认知科学、神经科学等领域的研究成果的影响。认知科学的研究表明,人类的认知过程受到大脑神经网络的调控,这进一步证实了认知语言学的基本观点,即思维与身体、认知与语言之间的紧密联系。

（三）认知语言学的基本理论观点

认知语言学是一个广泛的领域，涉及多个学派和理论观点。以下为探讨认知语言学的基本理论观点的概述：

第一，范畴化/概念化。范畴化是认知研究的核心议题，涉及人们如何将世界范畴化或概念化的过程。认知语言学的范畴化与数学等领域的严格范畴化不同，它强调自然语言中语义的形成过程，即概念化过程，这是基于身体经验和认知过程的。概念是概念化的结果，因此语义实际上等于概念，也是一个语义范畴。

第二，原型观。范畴化涉及将实体归入特定范畴的过程，其中原型起着关键作用。原型是范畴成员之间的"家族相似性"的参照点，是范畴化的参照标准。通过与原型进行比较，其他实例被归入同一范畴——原型范畴是基于典型样本类比而得出的范畴。

第三，意象图式观。意象图式是认知结构的基本形式，是组织思维和获得意义的重要方式。意象图式的扩展通过隐喻实现，它们在概念之间建立联系。人类通过身体经验形成基本的意象图式，然后用这些图式来组织更抽象的思维，逐步形成语义结构。意象图式在理解和推理过程中起着关键作用，它们构成了语义网络的基础。

第四，隐喻观。隐喻是一种认知和推理现象，它通过将一个概念域系统地映射到另一个概念域来表达抽象性语义。隐喻不仅是语言现象，而是人类思维的基础。隐喻可以分为结构隐喻、方位隐喻和本体隐喻。隐喻式的思维方式已成为人们认知世界的基本方式，它们赋予抽象事物具体事物的特征，以系统地描述和理解抽象世界。

第五，百科观。认知语言学家认为语义与人类的知识密切相关，主张使用百科式语义分析方法。语义根植于语言使用者和接受者的百科知识体系中，不能仅在语言系统内部寻求解释，而需要依赖人类的知识系统。语义与人们的主观认识、背景知识、社会文化等因素密切相关，这些都是基于个人经验和知识而形成的事物意义的组成部分。

认知语言学的这些基本理论观点共同构成了其哲学基础，它们强调了认知过程在语言形成和理解中的重要性，以及人类知识和个人经验在语义构建中的作用。这些观点对于理解语言的本质、人类语言能力的发展以及语言研究的目的和方法具有重要意义。

二、认知语言学对外语教学指导的可行性

在外语教学领域，认知语言学的理论和观点具有重要的指导意义。认知语言学对外语教学的影响可以在三个层面上体现：提供见解、提供启示和直接应用。

第一，认知语言学提供了对外语教学和外语学习宏观层面的见解。认知语言学强调语义的体验性，认为人类习得语言的过程与人类认知世界的过程是紧密相连的。这种观点体现了认知语言学对语言形式和意义之间关系的重视，以及对学习者认知规律的重视。在外语教学中，这意味着教学应以学生为中心，注重语义理解，并遵循人类普遍的认知规律。

第二，认知语言学对外语教学提供了启示，特别是在教学方法和学习过程方面。现代外语教学倾向于重视学习者的个人需求和认知特点。认知语言学强调学习者的认知模式，并探索认知语言学的理论模式是否对外语习得具有实际的正面效应。这种以学生为中心的教学观有助于教师更好地适应学生的不同语言教学需求，从而提高教学效果。

第三，认知语言学的一些分析方法和理论模式可以直接应用到外语教学中。例如，认知语言学中的基本层次范畴理论表明，基本层次范畴词在日常对话中使用频率较高，因此在外语学习和教学中应给予优先地位。这种理论的应用有助于教材编写、词典编纂和教学实施过程的优化。

三、认知语言学对外语教学指导的基本原则

在外语教学中应用认知语言学的理论，需要遵循一些基本原则，以确保理论的有效性和实用性。这些原则包括相关性、层次性和适存性。

第一，相关性原则要求理论的应用与教学实践中要解决的问题和目标紧密相关。教师应当深入理解认知语言学的不同理论，并分析它们与外语教学的关联。只有与教学实践紧密相关的理论才能有效地指导教学，而那些与教学关系不大的理论则不应盲目引入。例如，隐喻理论主要涉及意义理解，因此适用于解释与语义相关的问题，而将其应用于发音和语调教学则是不切实际的。

第二，层次性原则认识到外语教学是一个复杂的系统工程，涉及多个方面，如语音、词汇、语法、语义和语用等。这一原则强调在将认知语言学理论应用于教学时要有针对性，针对特定的教学研究层次。例如，原型理论适

用于词汇教学，并对语法教学也有一定的启示作用，但它并不能解释所有层次的教学实践。因此，在应用认知语言学理论时，教师应根据教学的具体需求选择适合的理论层次。

第三，适存性原则要求引入的教学理论能够适应教学要求，经得起实践的检验和推敲，以确保教学理论和实践方法的健康稳定发展。这一原则要求教师筛选出与实际教学相适应的理论，并对其进行进一步的探讨和发展，使其成为适应教学需求的理论模式。对于同一教学问题，可以引入不同的理论，但需要使它们相互融合和统一，以形成一个完整的教学理论体系。

四、认知语言学对外语教学指导的思路探索

在外语教学领域，认知语言学的理论和工具可以为实现学习者的交际能力和跨文化能力提供支持。外语教学应当以学习目标、学习策略和教学方法为中心，同时重视学习者的认知能力。认知语言学的成果应用于现代外语教学可以遵循以下思路：一是教学目标：培养交际能力，最终实现跨文化能力。二是教学方法/策略：采用行为取向的方法，以学习者为中心。三是认知途径：通过原型、基本层次、主题和背景以及完形等认知体验途径来习得外语。这些思路体现了认知语言学对外语教学的指导原则，与以往的认知教学法和交际教学法并无根本差异。然而，认知语言学的关键在于通过合适的途径，运用合适的理论，解决相应的问题。

范畴理论和隐喻理论是认知语言学中两个重要的理论，它们在外语教学中的应用途径如下：

第一，范畴理论。范畴理论可以帮助学习者理解和记忆词汇。在外语教学中，教师可以利用范畴理论来教授单词的分类和层次结构。例如，通过原型和基本层次来帮助学习者更好地组织和记忆词汇。

第二，隐喻理论。隐喻理论可以用于揭示语言中的隐喻意义，帮助学习者理解抽象概念。在外语教学中，教师可以利用隐喻理论来解释和教授抽象词汇和表达方式。例如，通过将抽象概念与学习者熟悉的具体事物相联系，帮助他们更好地理解和记忆这些概念。

通过以上途径，认知语言学可以为外语教学提供有价值的指导，帮助学习者更有效地习得外语。然而，认知语言学的理论和工具并非唯一的教学资源，教师应根据教学的具体需求和目标，灵活运用各种理论和方法，以实现教学的最大效果。

第二节 注意理论在外语教学中的应用

"注意是语言学习活动中的一个必要条件,只有在有意注意之后,学习者才会将意义与形式联系在一起,才能有效促进外语学习,这对学习者和教师都有非常重要的启示"[①]。在外语教学领域,注意理论的应用可以为教师提供深入分析,帮助他们更好地设计和实施教学策略,提高学生的学习效果。以下从不同方面探讨注意理论在外语教学中的应用:

第一,注意力分配。注意力分配理论指出,个体在处理信息时,其注意力是有限的,因此需要将注意力合理地分配到不同的信息上。在外语教学中,教师可以利用这一理论引导学生合理分配注意力。例如,在听力教学中,教师可以指导学生将注意力集中在关键信息上,如听力材料中的主要观点和细节;在口语教学中,教师可以引导学生关注对话中的重要信息和语言表达的准确性。

第二,注意力聚焦。注意力聚焦理论强调,个体在处理信息时,可以主动选择关注某些特定的信息,而忽视其他信息。在外语教学中,教师可以利用这一理论帮助学生提高注意力聚焦能力。例如,在阅读教学中,教师可以指导学生关注文章的主旨和结构,忽视无关紧要的细节;在写作教学中,教师可以引导学生关注文章的逻辑结构和论点,忽视语法和拼写错误。

第三,注意力和记忆。注意力与记忆密切相关,注意力集中时,个体更容易记住相关信息。在外语教学中,教师可以利用这一理论提高学生的记忆效果。例如,在词汇教学中,教师可以引导学生集中注意力记忆重要词汇和短语;在语法教学中,教师可以引导学生关注语法规则和用法,以便更好地掌握和运用。

第四,注意力转移。注意力转移理论指出,个体可以在不同任务之间灵活地转移注意力。在外语教学中,教师可以利用这一理论帮助学生适应不同的学习任务。例如,在课堂活动中,教师可以引导学生从听力任务转移到口语任务,以培养学生的综合语言运用能力。

---

① 王兰. 外语教学中注意理论的应用 [J]. 科学决策,2008(10):102.

第五，注意力控制。注意力控制理论强调，个体可以主动控制自己的注意力，从而提高信息处理的效率。在外语教学中，教师可以引导学生进行注意力控制练习。例如，教师可以要求学生在一定时间内集中注意力完成一项任务，如阅读一篇文章或完成一个句子翻译，以培养学生的注意力控制能力。

综上所述，注意理论在外语教学中的应用具有重要的实践意义。教师可以依据注意理论的原理，设计和实施有针对性的教学策略，帮助学生更好地分配和控制注意力，提高学习效果。然而，需要注意的是，注意理论并非唯一的教学指导理论，教师应结合其他相关理论和实践，灵活运用注意理论，以实现教学的最大效果。

第三节 范畴理论与隐喻理论在外语教学中的应用

一、范畴理论在外语教学中的应用

（一）范畴理论的认知

1. 范畴与范畴化

范畴化是人类认识世界的基本方式之一，也是认知语言学的核心议题。范畴化是指人们对事物进行分类和归类的心理过程，其结果是形成认知范畴。范畴化过程包括识别/区分、概括和抽象三个形式。在这个过程中，人们对属于不同类别的刺激进行区分，将具有共同属性的事物归为一类，并将某个范畴中的物体所具有的共同属性提取出来。

范畴化的重要性在于它是人类高级认知活动中最基本的一种，在此基础上人类才具有了形成概念的能力，才有了语言符号的意义。离开了对范畴化的认识，语言将失去意义。范畴化不仅帮助人们认识和理解客观世界，还是人类认知和思考的根本方式之一。

认知语言学对范畴概念给予了特别的关注。世界是由千差万别的事物组成的，等待人们去区分和认识。客观世界的事物又是杂乱的，人的大脑为了充分认识客观世界，就必须采取最有效的方式对其进行储存和记忆。人们对事物的认识是从千差万别的客观事物的特性出发，形成感性认识，然后才能进一步地分析、判断，从而对世界万物进行分类和定位，形成抽象认识。

范畴是由那些在我们看来多少是互相联系，并因此被我们归成一类的事物或事件组成。范畴是反映事物本身属性和普遍联系的基本概念，是人类理性思维的逻辑形式。离开了对范畴化的认识，语言将失去意义。

范畴化的过程包括识别/区分、概括和抽象三个形式。在识别或区分过程中，人们对属于不同类别的刺激进行区分；在概括过程中，人们将具有共同属性的事物归为一类；在抽象的过程中，人们将某个范畴中的物体所具有的共同属性提取出来。

2. 经典范畴理论、家族相似性范畴理论与原型范畴理论

范畴理论是认知心理学中的一个重要概念，它涉及个体如何处理信息，如何将注意力合理地分配到不同的信息上。在外语教学中，范畴理论对于理解和优化学生学习过程具有重要的指导意义。以下详细探讨经典范畴理论、家族相似性范畴理论和原型范畴理论在外语教学中的应用。

（1）经典范畴理论。经典范畴理论认为，范畴是由一组必要条件和充分条件联合定义的，判定一个认识对象是否属于某个范畴，就看它是否具备该范畴的必要和充分的条件。这种理论强调了范畴的客观性和明确性，认为范畴边界是闭合的、明确的，范畴内的成员地位是平等的，且范畴成员的特征具有客观性。

在外语教学中，经典范畴理论可以应用于词汇教学。教师可以利用这一理论帮助学生理解和记忆词汇，如通过明确词汇的必要和充分条件，帮助学生将词汇归类，形成明确的词汇范畴。教师还可以利用经典范畴理论帮助学生理解和使用语法结构，如通过明确语法结构的必要和充分条件，帮助学生正确运用语法知识。

（2）家族相似性范畴理论。家族相似性范畴理论是对经典范畴理论的补充和拓展。这一理论认为，范畴内的成员之间并不一定具备共同的必要和充分条件，而是通过家族相似性特征相互联系。家族相似性范畴理论强调了范畴边界的开放性和模糊性，以及范畴内成员地位的不平等性。

在外语教学中，家族相似性范畴理论可以应用于语篇教学。教师可以利用这一理论帮助学生理解和分析语篇，如通过识别语篇中的家族相似性特征，帮助学生把握语篇的整体意义和结构。教师还可以利用家族相似性范畴理论

帮助学生理解和运用语言表达策略，如通过识别语言表达中的家族相似性特征，帮助学生更好地表达自己的观点和情感。

（3）原型范畴理论。原型范畴理论是对家族相似性范畴理论的进一步发展和完善。这一理论认为，范畴内的成员地位并不相等，而是存在等级差别。原型范畴理论强调了范畴边界的开放性和模糊性，以及范畴内成员特征的建构性。

在外语教学中，原型范畴理论可以应用于听力教学和口语教学。教师可以利用这一理论帮助学生理解和感知听力材料，如通过关注听力材料中的原型范畴，帮助学生抓住关键信息和语言表达的准确性。教师还可以利用原型范畴理论帮助学生进行口语表达，如通过关注口语表达中的原型范畴，帮助学生更好地组织和表达自己的思想。

3. 范畴化的科学层次理论、民俗层次理论与基本层次理论

范畴化的层次理论是认知科学中的一个重要分支，它涉及人类如何将复杂多变的世界分解为有序的、可管理的组成部分。在这一过程中，不同的理论视角提供了对范畴化层次的不同理解和描述。以下探讨科学层次理论、民俗层次理论和基本层次理论在外语教学中的应用。

（1）科学层次理论。科学层次理论侧重于逻辑性和严谨性，它追求通过客观的标准来划分范畴，排除人的主观因素。在自然科学领域，这种理论已经被广泛应用，如林奈的生物分类学和罗杰的物理分类学。在外语教学中，科学层次理论可以用于帮助学生建立准确的语言概念，特别是在学习专业术语和科学分类时。教师可以引导学生通过理解词汇的科学定义和分类，来加深对专业知识的理解和记忆。

（2）民俗层次理论。民俗层次理论则从人类日常生活的角度出发，它认为范畴化是一种更为直观和感性的过程，与人们的日常生活经验和传统知识紧密相关。在外语教学中，民俗层次理论可以用来解释和学习语言中的习惯用法和文化特定的分类方式。教师可以利用这种理论来帮助学生理解不同文化背景下的事物分类，如通过研究策尔塔尔人的植物和动物分类体系，来丰富学生对文化差异的认识。

（3）基本层次理论。基本层次理论关注的是人类认知中的直观和基本层次，它认为人们对事物的分类往往基于那些最常见、最基本的概念。在外语教学中，基本层次理论可以用来帮助学生理解和使用基本词汇和短语，如

"狗""猫""桌子""椅子"等。这些基本词汇和短语是构建更复杂语言结构的基础，也是学生日常交流中必须掌握的核心内容。

（二）基本层次范畴理论在外语教学中的应用

1. 基本层次范畴理论在外语词汇教学中的应用

基本层次范畴理论在语言学领域中占有重要地位，其在人类认知过程中的优势可以从其特征得到解释。基本层次范畴具有心理感知的完形特征，成员间具有共同的整体外形，能形成反映整个类别的单个心智意象。例如，人们对"狗"的整体外形有较为统一的认识，它是作为整体被认知和识别的，而不是作为"狗头""狗尾巴"等的加合被认知的。基本层次范畴具有程度合适的具象性，这使其能以最小的认知努力获得最大的相关信息，体现了认知的经济性。与上位层次范畴和下位层次范畴相比，基本层次范畴具有反应和习得上的优先性，所需的反应时间最短，人们脑海中首先想到的就是该层次范畴中的个体。同时，基本层次范畴的词汇在语言习得过程中出现的时间一般也较早，是儿童在语言习得过程中最早掌握的词汇。

基本层次范畴还具有行为反应上的一致性，由于人们的反复体验，与基本层次范畴的事物相配合的动作在认知上具有较大的突显性。基本层次范畴具有语言交际上的高频性，使用的词汇结构短，形式简单，为单纯词，能够在其基础上构成其他层次范畴名称，同时色彩比较中性，使用频度较高。

在外语词汇教学中，词汇的引入必须遵循一定的原则。根据词汇的使用频率循序渐进地安排词汇的讲授，最先在教材中出现的、学生最先习得的应当是出现频率较高、最常使用的词汇。基本层次范畴词汇具有非常强的能产性，能够构成很多其他层次的范畴词汇。

在外语教学中，我们应高度重视基本层次范畴词汇，它提供了通向常用词汇的最佳途径。在编写外语教材的时候，上位概念词，尤其是抽象概念词，只是在基本层次词汇的可能性穷尽时才出现。而对于下位层次范畴词汇的引入，则应根据外语学习者的具体需要而定。

2. 基本层次范畴理论在外语语法教学中的应用

基本层次范畴理论在语言学领域中具有重要意义，其在语法教学中的应用主要体现在构词教学，而构词教学中的重点应是外语和本族语的有差异的方面。基本层次范畴词汇具有结构短、形式简单的特点，同时具有较强的构词能力。然而，外语教学中目的语和母语在相同的概念层次上未必有相同的构词方式。

在外语教学中，对应范畴的构词对比对于教学具有重要意义。不同民族对事物的认知方式导致了在俄语和汉语中一些范畴的下位范畴词汇表达方式上的差异。在这种差异中，部分下位范畴词汇在俄语中由独立的词表示，而在汉语中由基本范畴词构成。这一差异反映了两种语言背后的文化和认知模式的不同。在外语教学中，这样的差异需要得到充分重视，以避免母语造成的负迁移，确保学生能够正确理解和运用这些下位范畴词汇。

俄语和汉语都有自身的构词特点来表示相应范畴。在外语教学中，教师应该重视这些特点的讲解，帮助学生从范畴层次理解语言现象，掌握语言规律。通过深入了解俄语和汉语的构词方式，学生可以更好地理解词汇的内在联系和表达方式，从而提高他们的语言水平和应用能力。

（三）原型范畴理论在外语教学中的应用

1. 原型范畴理论在外语词汇教学中的应用

在外语教学中，词汇教学一直是核心组成部分。然而，语言单位的形式与意义之间并非总是存在简单的一一对应关系。事实上，一词多义现象在语言中极为常见，这对于学习者来说是一个挑战。因此，探索如何运用语言学理论来指导多义词的教学成为目前外语教学工作中的一个迫切任务。

在传统教学中，多义词的各个意义通常被赋予同等地位，而它们之间缺乏必要的联系。教师的主要任务是逐个讲授这些意义，而往往忽略了意义产生的理据。此外，多数外语学习者在词汇掌握上面临重大困难。一词多义现象使得学习者尤其在词汇意义掌握方面感到困惑。原型范畴理论的应用能够显著提高词汇学习的效率，这一点在二语习得实践中得到了验证。根据二语习得理论，词汇习得过程可分为两个循环出现的阶段：语义化阶段和巩固提高阶段。在语义化阶段，学习者需将词汇的形式与意义相结合；而在巩固提高阶段，新习得的词汇被纳入学习者的永久记忆。这一阶段是更深层次的加工过程，同时也涉及词汇的语用、社会和隐喻特征的增加。这两个阶段密切相关，如果学习者在语义化阶段未能充分理解词汇的意义，那么在巩固提高阶段就难以实现有效的记忆和应用。语义网络理论为巩固提高阶段的语义存储方式提供了强有力的解释。

（1）词汇意义原型结构的形式化表征——语义网络。语义网络理论基于学习者的陈述性知识以节点和路径构成的网络形式存在这一基本假设，提供了对知识习得和组织的深入理解。在这一理论框架下，新知识点的习得与早期相关知识的检索密切相关。学习者必须将新知识储存在相关知识网络中，以便在需要时能够触发对早期相关知识的检索。更进一步地，新知识点与早期相关知识之间的关联不仅限于简单的存储，而且通过形成检索路径来刺激产生其他新知识点。这种关联过程不仅是线性的，还可以通过推理、引申等方式将新信息与旧信息相连接，从而促进词汇习得的实现。事实上，连接与加工的活跃程度对于新知识的习得至关重要，因为它们直接影响着知识的整合与应用。

认知语言学家认为，将多义词汇各个意义一一列出并不是最有效的贮存方式。相反，他们提倡采用网络状的贮存模式，这种模式更具认知真实性，因为它允许义项之间共享最多信息。这种网络结构反映了概念结构，以及多义词各个义项之间的关系。在这个网络中，各义项的地位并不相同，它们对语境的依赖程度也不尽相同。如果一个义项被视为中心成员，那么其他义项将通过网络连接与之直接或间接相关，因此被视为整个语义范畴的原型。这种网络结构的优势在于它能够更好地捕捉语义之间的复杂关系，为学习者提供更为丰富和有效的知识组织结构。

词汇的语义网络中每个节点代表特定的义项，节点之间的连线（即路径）代表作用于意义扩展的认知规律。这些节点均由一个中心节点延伸出来，这个中心节点通常被认为是整个词汇范畴的原型意义。认知语言学的这种观点是心理词库理论的体现。认知语言学家不认为心理词库是由边界清晰的词汇范畴构成，他们认为词库是一个由形式—意义结合体组成的高度复杂和精细的网络，其中每个形式都有一个语义网络。与传统观点相比，这种研究认为词库内部的关系具有更多的理据性和较少的任意性。

对多义现象来说，节点之间的联系类型就是词汇义项之间的关系类型，词汇语义网络理论中对节点之间的可能联系类型的研究具有突出价值。

尽管语义学的传统研究早已提出多义词汇语义结构包括辐射型、链型和辐射—链型三种，认知语言学的语义网络理论仍具有不同于以往学说的阐释力。多义词的结构主义模式的研究目的在于描写词汇意义的共同的具体语义成分，而认知语言学词汇网络模式的宗旨则是揭示存在于人的身体经验和感知中的意象图示，这些图示对解释义项间的联系起到本质性的作用。与传统的词汇意义表征的方式不同，词汇语义网络这种表征形式具有认知现实性。网络所表征的词汇单位的各个义项之间的联系不是任意的，而是具有自然的属性，反映了人类掌握和储存信息的方式。正是由于意义之间的联系具有自然的属性，多义现象才会如此普遍地存在。通过网络表征，可以将高度抽象的意义呈现为一个由内部关联的义项构成的结构体，这是认知心理学关于人类范畴化理论应用到语言学研究领域的结果。虽然认知语言学的网络分析是对词汇单位进行语义分析，从本质上说是语言学性质的，但该项分析所赖以进行的理论框架却在很大程度上提供了一个关于语言和认知之间关系的独特观点。

（2）语义网络应用于外语词汇教学的相关环节。作为词汇语义原型结构的形式化表征，语义网络应用到外语教学具有突出的优势，传统词汇教学在一定程度上忽略了的认知心理方面在该理论中得到体现，传统词汇教学中仅限于描写的义项间联系得到了深层次的阐释。具体而言，语义网络理论应用到外语词汇教学应注意以下环节：

第一，原型意义的确定。多义词汇的语义范畴是一个具有家族相似性的意义辐射结构，词义范畴的各个义项表现出不同程度的原型特征，原型义项具有最多的原型特征。原型意义位于网络的中心，最易于被提取和记忆，是该词义范畴最具代表性的义项。靠近范畴外侧的边缘意义只具有部分的原型特征，是在典型意义的基础上通过一定的认知机制扩展而来的。从历时的角度来看，原型意义是语言符号最早具有的义项，随着人类认知水平的提高，对词汇概念理解的不断完善，词义范畴因此呈现出动态发展的态势，范畴内的义项逐渐增多，词义也更抽象。

第二，义项间关系的阐释。在词汇教学中，多义词的义项间关系一直是教学者和学习者关注的焦点。不同的认知语言学家对此提供了多种阐释方式，主要包括意象图式转换、隐喻、感知相似性和体验相关性等。这些理论为理解一词多义现象提供了深刻的认知基础。

2. 原型范畴理论在外语语法教学中的应用

原型范畴理论最初应用于概念研究，是心理学家提出的一种理论框架，旨在解释概念中好的成员和差的成员之间的区别。根据该理论，好的成员具有更多的范畴属性，符合核心心理表征，而差的成员则相反。这种区分是基于对概念的心理内在结构的理解，即对于某一类事物，个体成员之间存在着某种共享的核心特征，而其他特征则可能是变化的。

随着理论的发展，认知语言学家将原型范畴理论引入语义研究领域，用以解释语义现象。他们将原型范畴分为原型意义和边缘意义，将其应用于语义分析。原型意义被视为最基本和最具代表性的义项，使得该意义范畴与其他范畴区分明显，是说话人首先反映出的意义。而边缘意义则是从原型意义抽象而来，只具有部分原型特征。这种分析帮助人们理解语义的组成和表达方式，强调了语义的动态、非单一性。随后，"语言学家发现，不仅在概念结构和语义结构之中存在原型范畴现象，语言范畴本身也存在原型范畴，这是由于语言结构与其他概念结构一样，没有本质区别，都是建立在相同的认知机制之上的"[①]。多义现象不仅存在于词义层面，还体现在其他语言结构范畴中，如词法范畴、句法范畴甚至语音范畴。这些范畴表现为相关意义的集合，类似于多义现象，丰富了语言的表达方式，也为语言理解提供了更加深入的认识。因此，利用认知语言学的原型范畴理论，可以从阐释的高度指导外语语法教学，使语法教学从原来的对语法现象的罗列，转变为透过语法现象揭示更深层次的机制。我们分别就以下方面进行阐述：

（1）原型范畴理论在外语语音教学中的应用。以语调为例，无论是英语还是俄语，都用降调表示对事情的陈述，用升调表示疑问，这是语调的原型用法。但是，用升调的句子也有不表示陈述的，而表示一定的情态意义，如指责、请求、期望等。

（2）原型范畴理论在外语词法教学中的应用。以下以动词过去时的教学为例，探讨过去时范畴的原型性质。时（俄语中称"时"，英语中称"时态"）是重要的语法范畴，表示动作（或状态）所发生的时间。无论是英语还是俄语中都包含动词的过去时，过去时表示动作发生在说话以前，常和表示过去的时间状语连用，这是动词过去时的原型用法。但英语动词过去时也可用来表示现在和将来的动作，还可以表示虚拟语气或婉转语气，这就是过去时的非原型用法。

（3）原型范畴理论在外语句法教学中的应用。在语言学领域，原型范畴理论被广泛应用于对不同语言结构的理解和分析。该理论认为，范畴成员之间存在典型性差异，某些成员比其他成员更具代表性。在外语句法教学中的应用，可以基于这个理论帮助学生理解和掌握不同的语法结构。

---

① 王铭玉. 现代外语教学多维研究 [M]. 上海：上海外语教育出版社，2015：118.

俄语中独有的句法结构——无人称句，在其他欧洲日耳曼语族和罗曼语族语言中并不存在，甚至在古斯拉夫语和古俄语中也罕见。典型的无人称句主要描述自然现象，如"светло"（天亮了），其中缺乏明确的主语和逻辑上的行为主体，因为很难界定"светло"（天亮）、"дождь идет"（下雨）、"прогрессирует"（进步）、"вспыхивает"（爆发）等动作是由谁执行的。在俄语中，无人称句中不会出现主语或逻辑主体的任何格形式，如主格、宾格或工具格。

除了自然现象描述，还有一些无人称句包含逻辑行为主体，但这些主体以工具格形式呈现，表达某种神秘力量或"工具"的概念。这种无人称句的出现可以追溯到17世纪，如"с моря пронесся прохладный ветер"（海面上吹来凉风）。

此外，还有一些处于边缘位置的无人称句，它最初被用来描述自然界的现象，其中不体现行为的主体，而行为的主体则被视作某种神秘力量。然而，随着时间的推移，这一结构的应用逐渐扩展，从17至19世纪的文献中可以看到，无人称句的使用范围已不再局限于纯粹的自然现象描述。相反，它开始涵盖人类的心理、感受、状态及那些不受自主控制的行为。例如，"Мне тяжело на Волге, к музыке трудовой"（我感到伏尔加河的沉重，向往劳动生活的音乐）。

非原型用法是无人称句的另一种形式，其中主体的表述不再依赖于抽象的神秘力量，而是通过不同的语法结构来体现。这包括第五格表示的主体，代表了某种不可知力量的工具；第四格表示的主体，代表了不可知力量的作用对象；以及第三格表示的主体，代表了该主体受到不可知力量的影响。这些非原型用法丰富了无人称句的语法结构，使其具备了更灵活的表达方式。值得注意的是，随着时间的推移，无人称句的主体范围逐渐从自然现象扩展到人类。

与传统语法教学只陈述语言事实、不探究其间联系机制的做法不同，从原型范畴的角度认识无人称句，可以帮助我们在俄语语法教学中找到阐释语法现象的途径。通过对无人称句的原型范畴分析，学生可以更好地理解无人称句的用法和意义，提高他们的语法意识和语言运用能力。

二、隐喻理论在外语教学中的应用

（一）认知语言学隐喻理论

1. 隐喻理论的观点

隐喻的研究在传统上可以分为三个方面，即修辞学的研究、哲学的研究以及语言学的研究。亚里士多德的"替换论"是最早对隐喻进行修辞学研究的主要成果，而柏拉图对"隐喻和真理"的探讨可被认为是隐喻哲学研究的最早成果。较早对隐喻进行语言学研究的是法国结构主义语言学家本维尼斯特以及英国语言学家乌尔曼，他们分别运用话语理论和心理学联想理论关注隐喻问题。

在认知语言学中，隐喻理论占有重要地位。莱考夫和约翰逊从认知语言学角度对隐喻理论做出了系统阐述。他们的研究突破了传统的隐喻修辞观、哲学观、语言观，将隐喻视为构建概念系统的手段，提出了"隐喻的认知观"。这种观点的主要结论包括三个方面。

第一，隐喻的普遍性。隐喻体现了人们通过一种事物来理解另一事物的认知方式，它不是一种特殊的语言表达手段，而是普遍存在于日常语言和思维当中。传统上对隐喻的研究主要集中在一些"新奇隐喻"，而隐喻的认知观认为，人们在使用隐喻时是习以为常的、无意识的，受到文化传统或认知习惯的影响。

第二，隐喻的系统性。隐喻不是个别的、彼此毫无关系的孤立用法，而是彼此联系，形成一个庞大系统。许多看似孤立的隐喻，其实都有着这样那样的联系，可形成某种结构化的隐喻群。例如，"情感是液体"的隐喻可以体现为数量众多的表达，如"We were full of joy." "She felt quite calm." "He had reached the boiling point before she came back."等。

第三，隐喻的概念性。隐喻不仅仅是语言问题，它作为概念形成的机制存在，人类的思维方式主要是隐喻式的。在我们认识外部世界、创造新的意义、接受新知识的过程中，隐喻起着重要的认知中介作用。这一结论反映了隐喻的本质，即隐喻从根本上讲是概念性的，不是语言层面上的。隐喻性语言是概念隐喻的表层体现。

综上所述，隐喻理论的观点揭示了隐喻的普遍性、系统性和概念性，为我们理解和运用隐喻提供了新的视角。在外语教学中，关注隐喻的这些特点有助于学生更好地理解和掌握目的语，提高语言运用能力。同时，隐喻理论的研究对于跨文化交流、创新思维培养等方面也具有重要的启示意义。

2. 隐喻理论的框架

在探讨隐喻理论的框架时，雷迪的研究对认知语言学领域产生了深远影响。自其开创性工作以来，概念隐喻理论得到了广泛的关注和发展。根据莱考夫和约翰逊的分类，概念隐喻主要分为三种：结构隐喻、方位隐喻和本体隐喻。

（1）结构隐喻。结构隐喻是最为常见的隐喻类型，它通过结构映射的方式将源概念的结构整体映射到目标概念中。在这个过程中，源概念的各个点对应于目标概念的各个点，从而实现结构上的照应。结构隐喻依赖于始源域和目标域之间的相互关系，这种关系通常基于人类的基本经验和认知结构。

（2）方位隐喻。方位隐喻是以空间认知域为始源域的隐喻，之所以各种语言中都存在大量的空间隐喻，是由于空间概念在人类认知活动中具有基础性的地位。人类对于空间的认识来源于人类与外部世界的互动，来源于人的实践经验。人类很多抽象概念（如情绪、身体状况、数量、社会地位等）都可以用上—下、前—后、远—近、深—浅、中心—边缘等方位概念表示，这些空间概念映射到其他认知域，转而表示更为抽象的意义。总的来说，空间隐喻可以有以下几种情况：空间域向时间域的映射，空间域向数量域的映射，空间域向社会关系域的映射，空间域向价值评判域的映射，等等。

（3）本体隐喻。人类的基本经验来自物理世界，人们首先认知的是有形的、具体的实体，这为我们理解抽象经验、表达抽象概念提供了物质基础。本体隐喻（亦称实体隐喻）是指将思想、感情、事件、行为、心理、状态等抽象概念看作是一种有形实体，以便对其进行认知加工。

（二）隐喻能力——外语教学的新课题

隐喻能力理论的革命性意义在于其对传统隐喻理论的挑战，后者通常将隐喻仅仅视为语言形式的变异，而忽略了其在认知上的重要功能。隐喻能力理论认为，隐喻在语言和思维中具有着关键作用，它是语言创造性的基本特征之一。该理论以建构主义为其心理学基础，建构主义认为比喻性语言和字面语言之间并没有根本上的差异，强调意义的建构过程是一个主动的、认知的活动，而非被动的感知过程。外语教学中隐喻能力的培养主要包括以下方面：

第一,隐喻的普遍性。隐喻作为一种普遍的语言现象,其在日常语言中的广泛存在不可忽视。从隐喻涉及的层面来看,包括语音隐喻、语法隐喻、词汇隐喻、成语俗语隐喻、篇章隐喻等,涉及的语言层次丰富。同时,隐喻的普遍性也反映了人类对世界认知的隐喻式思维方式。

第二,隐喻的隐含性。隐喻的隐含性是外语学习者面临的另一个挑战。许多目的语表达,如习语、惯用语、成语、俗语、谚语等,其字面义与文化语义往往相差甚远。因此,学习者不能仅从字面义去理解,而需要深入了解其背后的文化背景和隐喻意义。

第三,隐喻的跨文化相似性和差异性。跨文化相似性和差异性是隐喻能力的另一个重要方面。尽管不同文化之间存在一些共同的隐喻表达,如用"黑色"隐喻非法、神秘或阴险的事物,但不同文化对同一事物的理解往往不一致。这些差异性源于不同的文化习俗、文化心理、认知取向、自然环境等因素。

第四,隐喻的认知机制。隐喻的认知机制是理解隐喻能力形成的深层原因。当人的思维发展到一定阶段时,已有的概念已无法满足表达的需要,人们往往将新认识的抽象概念与已认知的事物相联系,找到它们之间的相似点,从而用对已有事物的认识来思考、表达新概念,于是便产生了隐喻。明确隐喻意义形成的深层原因和机制对外语学习者掌握隐喻用法至关重要。

(三)功能性因素的引入——隐喻生成机制的阐释

1. 隐喻生成的构成要素

(1)始源域和目标域。作为外语教学中隐喻能力培养的重点,对隐喻生成机制的阐释理应得到足够的重视。概念隐喻理论用不同认知域的跨域映射解释隐喻现象,映射的起点是始源域,终点是目标域。此外,始源域概念是由其本身建构的,不需要引入另一个概念去建构和理解。隐喻涉及的两个认知域的地位并不相同,与目标域相比,始源域更为基础,更容易被人们习得。

(2)映射。映射是认知语言学中的一个核心概念,它是指从一个认知域向另一个认知域的映射过程。在这个过程中,始源域的一些重要结构特征被保留下来,使得目标域和始源域具有相同的意象图式结构。映射遵循恒定性原则,即映射过程具有单向性,只能从始源域向目标域进行。映射的形式主要分为以下四种:

第一，复合图式映射。这种映射涉及两个认知域中的多个实体以及实体之间的关系。

第二，意象图式映射。这种映射的基础是意象图式，即动觉的拓扑结构和方位结构，这些结构有足够的内部结构来接纳推论，大部分的常规隐喻都是意象图式的映射。

第三，一次性纯意象映射。这种映射不是基于概念间的系统映射，而是通过一次性纯意象来实现。

第四，亚里士多德式的隐喻映射。这种映射是基于始发域与目标域之间具有共同的特征。在这种映射中，始源域和目标域之间存在语义冲突，而"焦点"是解决这种意义冲突的核心。

2. 功能性因素的提出分析

在多义词教学过程中，对义项转义机制的解释是其中的重点和难点。概念隐喻理论用跨域映射解释隐喻意义的产生，为我们提供了合理的分析框架。这个分析框架的基础是基本意义和隐喻意义所代表的两个不同的认知域，从一个认知域到另一个认知域的映射所应遵循的基本原则是这两个意义具有相同的概念结构。在分析映射的动因时，人类经验起到了关键性作用。例如，从"空间意义的前方"（如"前方""前排""前进"）到"时间意义的将来"（如"前途""前景""前程"），隐喻涉及了两个认知域：空间域和时间域，从空间域向时间域的映射过程主要受人的身体经验的制约（即通过"体验相关性"解释）：人在移动而道路不移动的情况下，位于身后的路是已经走过的（时间上较早，是"过去"），而位于前方的路是还未走过的（时间上较晚，是"未来"）。

在认知语言学的文献中，功能性因素日益被视为一个关键的构成要素，它在解释多义词，尤其是空间概念词汇的义项派生过程中，展现出了其显著的解释力。功能性因素在多义词教学中的应用，成为培养外语学习者隐喻能力的核心策略。

认知语言学的研究范式，尤其是其对语言的人类中心性的坚持，构成了其理论框架的一个重要原则。这一原则认为，人类在与外部世界的互动中认识万物，人类自身成为分析一切现象的基准点。因此，对世界的认识结果，包括知识、概念和语义，都深深地打上了人的主观烙印。语义的系统性并非依赖于臆造的"逻辑规则"，而是通过语言系统的"人类中心性"来定位实现的。这一观点强调了语言的空间表达并非对现实空间的简单复制，而是一个被"人格化"的空间，其中物体的价值因其"功能性"而得到确认。功能性因素的理解，始终与其与范畴化之间的关系紧密相连。

认知语言学范畴化的原型理论认为，范畴的形成基础并非事物的客观特性，而是人的认知与现实互动的结果，是事物性质的心理体现。范畴内的成员并不平等，存在典型的成员（容易被识别）和边缘的成员（不易被识别）。范畴之间的边界是模糊的，边缘成员可能同时属于两个范畴。因此，语言单位并不直接对应现实中的物体，而是反映该语言群体头脑中最典型的物体形象，即物体应该是怎样的。范畴中心的位置最接近这个形象，而边缘的物体则更多地偏离这个形象。

3. 功能性因素对阐释词义派生的重要作用

功能性因素在语言表达中扮演着至关重要的角色，尤其是在空间概念词汇的词义派生过程中。物体间的功能性关系在空间信息的编码中比纯粹的空间关系更为关键，它们在构建空间词汇意义时发挥着核心作用。功能性因素能够深入揭示词汇意义中人们的概念化成果，从而更好地理解空间概念词汇的经验性特征。

第四节　建构主义理论在跨文化外语教学中的应用

一、建构主义理论的认知

建构主义理论是一种教学理念，强调学习者在学习过程中主动建构知识，而不是被动接受知识。建构主义理论认为，学习者通过与外部环境的互动，积极地构建自己的理解和知识。从建构主义理论视角出发，以培养大学生跨文化交际能力为目标，"通过对教学环节的设计，达到既能让学生作为主体发挥语言知识技能，也能提升文化交际能力"[①]。

[①] 刘立莉，亢连连，姜华.基于建构主义教学理论的跨文化外语教学模式探析[J].文化创新比较研究，2020，4（31）：187.

（一）建构主义知识观

建构主义者在一定程度上质疑知识的客观性和确定性，强调知识的动态性，这主要体现在以下三个方面：

第一，知识是主观对客观世界的解释和假设，而非绝对真实的表征。随着认知程度的深入，知识不断变革、升华和发展，产生新的解释和假设。这意味着知识的本质是动态的，而非静态的。其价值在于其能够不断引导人们对世界的认识和理解。

第二，知识并非可以简单地适用于所有情境，而是需要根据具体情境进行再创造和重新理解。这是因为不同的情境可能呈现出不同的特征和规律，需要相应调整和重新运用已有知识。

第三，知识无法以实体形式存在于个体之外。尽管通过语言符号赋予了一定的外在形式，但学习者的理解取决于个体的经验背景和特定学习历程。这意味着即使相同的知识被传达给不同的个体，其理解和运用也可能存在差异。

建构主义的这种知识观虽然过于激进，但它向传统的教学和课程理论提出了挑战，值得我们深思。按照这种观点，课本知识只是一种关于各种现象的较为可靠的假设，而不是解释现实的"模板"。不能把知识作为预先决定的东西教给学生，不要用我们对知识正确性的强调作为让个体接受它的理由，不能用科学家、教师、课本的权威来压服学生。学生的学习不仅是对新知识的理解，而且是对新知识的分析、检验和批判。

（二）建构主义学生观

第一，建构主义理论认为学习者在日常生活和以往学习中积累了丰富的知识和经验，因此在面对新问题时依赖自身的认知能力，提出解释和假设。

第二，教学实践中应充分考虑学习者已有的知识和经验，而不是简单地将知识灌输给他们。相反，教师应将学习者的已有知识视作新知识的种子，引导他们在这个基础上构建新的认知结构。这种教学方法能够激发学习者的学习兴趣和动机，促使他们更深入地理解和应用所学内容。

第三，教师和学生之间以及学生之间的互动至关重要。教师不再是传统意义上的知识传授者，而是引导者和促进者。他们应该与学生一起探索问题，进行交流和质疑，通过对话和合作促进彼此之间的理解和共同构建知识。

(三)建构主义学习观

建构主义者否定了心灵白板的观点，强调个体的经验世界是丰富多样的，主张将学生先前的知识和经验作为新知识的构建基础。建构主义者认为，学生通过自身的经验和知识来理解和解释新的信息，而非简单地接受外部信息。因此，建构主义者强调了学生作为知识的主体性和活动性，认为学生应该从其已有的经验和知识出发，来构建新的理解和知识。

1. 主动建构性

在建构主义的理论框架下，学习被认为是一种高度主动的过程，学生不再被动地接受教师传授的知识，而是通过积极地参与和构建，将新信息融入自身已有的认知框架中。这种主动性表现在学生基于自身经验系统对新信息进行编码和调整原有知识的过程中。例如，当学生接触到新的概念或信息时，他们会尝试将这些新的知识与自己之前所学的知识联系起来，并根据自己的理解进行调整和修改，以适应新的经验。因此，学习不仅仅是简单地积累信息，更是一种认知结构的重塑和知识的再建构过程。

在这一过程中，学生的主动选择、加工和处理信息的能力得到了充分的发挥。他们根据自身的学习目标和认知需求，有针对性地选择学习资源和学习策略，并通过反思和调整不断优化学习过程。

2. 社会互动性

建构主义理论还强调了学习的社会互动性。学习被视为社会文化参与的过程，其中学习共同体的合作互助起着至关重要的作用。相较于传统观点，建构主义更加重视学习活动所处的社会情境。在这种理论框架下，学习过程中的社会互动被认为是必不可少的，它不仅促进了知识和技能的内化，还是掌握相关工具的关键。社会互动提供了学生与他人交流、合作和共享经验的机会，从而促进了学习的深度和广度。

3. 同化和顺应

学习者的认知结构变化常常通过同化和顺应这两种方式来实现。同化通常被描述为一种量的变化，即学习者将新信息整合到已有的认知框架中，使之适应现有知识结构。与之相对的，顺应则被视为一种质的变化，表示学习者调整或重新构建其认知结构以适应新的信息。这两种方式在学习过程中交替循环，不断推动认知水平的发展。学习者在此过程中时而处于平衡状态，即同化新信息，使其与已有知识相符；时而处于不平衡状态，即通过顺应调整认知结构以适应新信息，这一过程推动着认知的发展。

4. 情境性

传统的教学观念倾向于"去情境"，认为抽象的知识能够脱离具体情境而独立存在，进而迁移到不同的情境中。然而，现实情境是具体而多变的，抽象化的知识往往难以有效应对这种变化。在这种情况下，建构主义提出了情境认知的理念，强调学习过程应该在具体情境中进行，以便学习者能够更好地应对现实问题并有效地参与社会实践。情境认知强调了学习与环境的互动性，认为学习者通过与情境的互动来构建知识，而非简单地接受抽象化的知识。

（四）建构主义教学观

在当今教学实践中，传统的知识传递范式已经逐渐演变为一种激活学生原有知识经验、促进知识经验生长、重新组织、转换和改造的过程。这种变革符合建构主义的理念，即教学应当通过创设有利于学生深入理解的情境，激发学生的内在学习动力。相比于抽象规则的教学方式，案例形式的教学更为有效。案例教学为学生提供了具体情境，让他们能够将理论知识与实际问题联系起来，从而更深入地理解所学内容。

在课堂教学中，创造条件让学生有机会表现和检验自己的知识和能力是至关重要的。教学设计应当尽可能贴近真实场景，这样不仅有助于体现学生的智力因素和成长需求，还能使教学具有时代特征，更加贴近学生的生活和实际需求。考虑到学生学习外语的目的，课堂教学可以设定真实的情境，让学生在模拟的语言环境中运用所学知识，如模拟餐厅对话、商务谈判等。通过这种方式，学生能够更好地理解语言的实际运用，提高他们的语言交际能力。

此外，课堂教学也应当注重学生的参与性和互动性。教师可以采用小组讨论、角色扮演、游戏等形式，让学生积极参与到教学过程中。通过与同学合作、讨论问题，学生能够从彼此的交流中获得启发，拓展自己的思维。

建构主义理论强调学生由被动接受者转变为知识建构者，这一观点在教学实践中引发了对教育方法的根本性转变。教学活动不再仅仅是教师的知识传授，而是要求教师成为学生自主学习的促进者。这种转变不仅影响着教师

和学生在教学环境中的地位和作用,也深刻地影响着教学原则的制定和实施。教学原则主要包括以下内容:

第一,教学原则要求将学习任务置于适应现实环境的背景中。通过将学习置于真实背景中,学生能够更好地理解知识的应用和意义。

第二,教学目标必须与学生的个人目标相符。这意味着教学活动需要考虑到学生的兴趣、需求和发展水平,以确保他们能够积极参与学习并实现个人目标。

第三,教学环境需要设计情境和环境以激发学生的学习,并解决类似问题。这种情境设计不仅能够增强学生的学习动机,还能够培养他们解决问题的能力和创造性思维。

第四,教学要赋予学生自主解决问题的权力,教师则成为思维的激发者,培养学生独立解决问题的能力。这种教学方式能够激发学生的思考和探究欲望,培养他们主动学习的能力。

第五,教学中应使用真实的任务和活动来反映学习环境,以增强学习的真实性和意义。这种实践性的学习方式能够使学生更好地理解知识,并将其应用到实际生活中。

第六,建构主义理论还强调培养学生怀疑和批判的能力,并在社会背景中检验他们的观点。

第七,教学要支持学生对学习内容和过程进行反思,发展自我控制技能,成为独立学习者。

二、建构主义理论在跨文化外语教学中的应用表现

建构主义理论在跨文化外语教学中的应用主要表现在以下方面:

第一,建构主义理论强调学习的主动性、社会性、情境性和协作性,认为学习的实质是学习者认知图式的建构。在跨文化外语教学中,这意味着学生不是被动地接受知识,而是需要主动参与、与他人合作,并在特定的情境中进行语言学习。通过这种方式,学生可以更好地理解和适应不同的文化环境,提高跨文化交际能力。

第二,建构主义理论强调个体与环境的相互作用,以及原有经验、心理结构和信念对新知识建构的影响。在跨文化外语教学中,教师可以利用学生的已有知识和经验,通过创造真实的语言环境或模拟情境,帮助学生将新知识与旧知识相联系,从而实现对新知识的理解和内化。同时,教师还可以鼓

励学生在课堂上积极互动，分享彼此的文化经验和观点，以促进跨文化理解和沟通。

第三，建构主义理论还注重学生的个体差异和多样性。在跨文化外语教学中，由于学生来自不同的文化背景，他们的学习风格、认知方式和兴趣爱好可能存在差异。因此，教师需要尊重这些差异，采用灵活多样的教学方法和手段，以满足不同学生的需求。同时，教师还需要关注学生的情感因素，营造积极的学习氛围，帮助学生建立自信，克服语言学习中的焦虑和恐惧。

第四，建构主义理论强调知识的动态性和发展性。在跨文化外语教学中，教师需要不断更新教学内容和方法，以适应不断变化的语言和文化环境。同时，教师还需要关注学生的学习过程，鼓励他们进行反思和评价，以促进学生的自主学习和持续发展。

第五节 最近发展区理论与可理解性输入理论在外语教学中的应用

一、最近发展区理论在外语教学中的应用

（一）最近发展区理论概述

最近发展区是由心理学家列夫·维果茨基提出的一个概念，是指个体在成人指导或者更有能力同伴的帮助之下能够完成的任务，但独立完成时却存在困难的那部分认知领域。这一理论强调了社会互动在个体认知发展中的重要作用，认为学习和发展是在与他人互动的过程中发生的。在外语教学领域，最近发展区理论为教师提供了重要的指导，使其能够更好地设计教学活动，促进学生的语言学习。

（二）外语教学中的学生现有水平与潜在水平

在外语教学中，了解学生的现有水平和潜在水平对于制定教学计划和目标至关重要。学生现有水平是指学生在没有成人指导或同伴帮助的情况下能够独立完成的语言任务难度，学生潜在水平则是指在成人指导或更有能力同

伴的帮助之下能够达到的语言任务难度。通过评估学生的现有水平和潜在水平，教师可以确定学生的最近发展区，并据此设计合适的教学活动。

学生外语水平的评估方法包括多种形式，如水平测试、作业分析、观察法和自我评价等。这些评估方法可以帮助教师获取学生现有水平和潜在水平的具体信息，以便更准确地确定学生的最近发展区。

（三）教学策略与活动设计

在外语教学中，教学策略和活动设计应当围绕学生的最近发展区进行。教师应当设计一些学生独立完成有困难，但在成人或更有能力同伴的帮助下能够完成的语言任务。这样的教学活动可以有效地促进学生的语言学习和发展。例如，教师可以组织学生进行同伴教学，让高水平的学生帮助低水平的学生。在这个过程中，高水平的学生可以充当小老师，通过提问、解释和示范等方式帮助低水平的学生理解和掌握语言知识。同时，低水平的学生在教学过程中也能够提高自己的语言水平。又如，教师可以设计一些合作性的语言任务，如小组讨论、角色扮演和项目工作等。这些任务要求学生共同完成一个目标，促使他们在互动中使用目标语言，提高他们的语言交际能力。

（四）教师角色与学生参与

在外语教学中，教师的角色是至关重要的。教师不仅是知识的传递者，更是学生学习的促进者和指导者。教师需要密切关注学生的学习进展，适时调整教学策略和活动设计，以适应学生的最近发展区。教师还需要关注学生的参与度，学生参与度的高低直接影响到教学效果。为了提高学生的参与度，教师可以采用多种方法，如设置具有挑战性的任务、鼓励学生发表意见、开展互动式教学等。同时，教师还应当营造一个支持性和鼓励性的学习环境，使学生敢于尝试、勇于表达。

二、可理解性输入理论在外语教学中的应用

（一）可理解性输入理论概述

可理解性输入理论是第二语言习得理论中的一个重要概念，由语言学家斯温·霍夫斯坦德提出。该理论认为，第二语言习得的关键在于学习者接触到适合其当前语言水平的输入材料，这种输入材料既能够被学习者理解，又

能够激发其语言习得的能力。可理解性输入的核心要素包括输入材料的难度、输入的真实性与趣味性,以及输入与输出的互动关系。

在外语教学中,可理解性输入理论具有广泛的适用性。它强调输入材料应当与学习者的现有水平相匹配,同时又能够提供一定程度的挑战,以促进学习者的语言习得。这一理论为外语教师提供了重要的指导,使其能够更好地设计教学活动和策略。

(二)输入材料的选择与处理

在外语教学中,输入材料的选择和处理对于教学效果具有重要影响。根据"i+1"原则,输入材料的难度应当略高于学习者目前的语言水平,以激发学习者的语言习得潜力。教师在选择输入材料时,应当充分考虑学习者的年龄、兴趣、文化背景等因素,选择具有真实性和趣味性的材料,以提高学习者的学习兴趣和积极性。

输入材料的真实性与趣味性对于激发学习者的语言习得至关重要。真实性的材料能够帮助学习者更好地了解目标语言的实际使用情况,提高其语言交际能力。趣味性的材料则能够激发学习者的学习兴趣,使其在轻松愉快的氛围中学习目标语言。

(三)输入与输出的互动关系

可理解性输入理论强调输入对输出的促进作用。学习者通过接触可理解的输入材料,能够更好地理解和掌握目标语言的语法规则和词汇意义。而输出则对输入起到反馈和调整的作用。学习者在输出过程中,能够发现自己的语言错误和不足,从而调整输入策略,进一步提高语言习得效果。

在外语教学中,教师应当充分利用输入与输出的互动关系,设计一些具有挑战性的语言任务,如讨论、写作和角色扮演等。这些任务要求学习者运用目标语言进行交流和表达,从而促进其语言习得。

第二篇　俄语教学及其实践研究

第四章　俄语教学的理论体系

第一节　俄语教学的性质与特征

改革开放 40 多年以来，我国的外语教育发展迅速。俄语教学在 20 世纪 80 年代中后期，随着中苏关系正常化，也有了一定程度的发展。进入 90 年代，虽然受到苏联解体的不利影响，但随着我国对外开放的进一步扩大以及俄罗斯经济的不断恢复，我国与俄罗斯在诸多领域的合作日益增多。同时，高等学校实行扩招，我国俄语教学空前发展，并建立了相对完善的俄语教学体系。

一、俄语教学的性质

中国俄语教学的性质与苏联对外俄语教学及世界上其他国家的俄语教学都不同。虽然它的教学目的与别国俄语教学目的基本一致，但是中国俄语教学具有相对独立性，它是一个封闭型的控制系统，即由中国教师任教（高等学校聘有国外专家），使用本国编写的教材（近年引进国外教材，但不做主要教材），有自己的大纲，自己的培养目标，自己的测试系统。

二、俄语及其教学特征

（一）俄语的特征

1. 俄语是国际重要语言

现在世界上有7000多种语言。使用汉语的人占世界人口的1/5，有15亿，使用英语的人有14亿，使用印地语、西班牙语和俄语的人数次之。俄语无论从使用的人数来看，还是从其使用的地区来看，都堪称国际重要语言之一（除以上语言外，还包括德语、日语、法语、意大利语等）。俄语按其来源属印欧语系中的斯拉夫语族中的东斯拉夫语支。俄语和任何一种民族语言一样，也分标准语和方言。

俄罗斯的语言形成于十五六世纪，而现代俄罗斯标准语则是指19世纪以来的俄语，这种语言在历史长河中逐渐形成了自己独特的语法结构和表达方式。从结构上来看，俄语是一种屈折语或综合语。它主要通过内部的屈折，即词根中音位的替换，以及外部的屈折，即词尾的变化，来形成语法形式。然而，俄语并不仅仅局限于这种结构，它还运用分析方法，即通过虚词和词序来表示语法意义。正是这些独特的语言特征，使得俄语成为世界上十大语系中有代表性的主要语种之一。

2. 俄语是一种富于形态变化的语言

俄语是世界上优美而丰富的语言之一（词汇10余万），是一种富于形态变化的语言，掌握俄语对于以汉语为母语的人来说是比较困难的。汉语在语言谱系上属汉藏语系，与俄语所属的印欧语系是两种完全不同的语系。俄语是屈折语，形态变化复杂，汉语基本上无形态变化，是根词语，用词根构词。我国大学生学习俄语时（对零起点学生来说）已经完成了两个阶段的汉语学习：第一阶段是从出生到上小学以前的学龄前时期，学习口语；第二阶段是从进小学到中学毕业，主要是学习书面语，口语训练在于促进语言规范化。一个大学生习惯于母语（汉语）思维已经18～19年，即使在中学学过俄语的学生，俄语思维能力也相对较差。所以，学习俄语要建立第二语言系统。

（二）中国俄语教学的特征

第一，语言形式的教学时间长，并且贯穿全部教学阶段。中国俄语教学将语言形式的教学视为根本，其原因有两个方面：一是俄语语言体系复杂，需要系统地教授才能使学生获得完整的知识和基本技巧。俄语言语表达完全呈现在纷繁的形式变化之中，不掌握变化规则，口、笔语交际寸步难行。二是在中国进行俄语教学有一些不够理想的主、客观条件，我国学生学习俄语面临的困难较多。如果语言形式的教学分散进行，以口语和句型为主，不足以保证我国学生打好语言基础。语言规则的安排是不系统的，名词变格按一、四、六、二、三、五的先后次序，动词变位以句型的形式出现，在适当的时候介绍代词的变格、基本数词及时间的表示法，并将其融合在交际性的对话之中。分两次进行的语法归纳仍避免不了许多语法规则问题的出现，如在学习关于第一格用法的交际对话时很难不涉及其他语法现象。因此，不如系统教授语言规则。需要说明的是，语言形式的训练不是为训练而训练，它一开始就与功能模拟交际结合起来，只有使语言形式的训练尽可能在情境中进行才有生命力。我国俄语教学的第一个特点涉及语言形式和功能、语言知识和技能、理论和实践、语言和言语种种矛盾的对立统一，应当指出，对一种语言形式的理解和掌握反映人的一种文化修养。

第二，侧重交际能力的培养。在语言教学领域，交际能力的培养是一项关键的任务。对于学习俄语的学生而言，相较于其他外语的学习者，他们往往面临一些特定的挑战，如较晚的开口说话、初始的口头表达困难，尽管其准确性相对较高，但流畅性却可能受到影响，且错误率较高。达到高效的阅读能力、卓越的书写技巧、迅速而精确的听力反应以及流利且无误的口语表达，是一个长期且持续的过程。然而，达到这一水平的学生数量相对较少，即使是那些俄语水平较高的学习者在初次抵达俄罗斯时，也常常感受到缺乏足够的俄语听力。在全国范围内，俄语教学目标的制定应当考虑到教学目的和教学时间的限制。在公共俄语教学中，阅读能力的培养应当是主要的教学目标，同时兼顾其他技能的发展。对于那些实用性较强的培训课程，如经贸翻译、导游等专业，教学内容应当与培养目标紧密结合，确保学习者能够具备相关的专业技能。在专业俄语教学中，旨在培养能够胜任口语和书面语言工作的应用型人才，应当全面关注"五会"能力的培养，即阅读、写作、听力、口语和翻译。然而，对于零起点的俄语专业学生而言，在四年的学习时间内达到高级水平是较为困难的。因此，教学要求应当切合实际，合理规划教学内容和进度，以促进学生能力的全面发展。

第三，采用灵活的教学法。俄语教学不可能有统一的主导的教学法，这是由下列因素决定的：①俄语和汉语差异大；②俄语教学缺乏自然语言环境；

③教学目的多种多样；④师资力量参差不齐；⑤学习者人数众多，但是水平不一；⑥教学手段落后。俄语教学将根据不同的教学目的、教学对象、教学条件采用灵活而合理的教学方法，吸取世界上各种教学法的长处，博采众长，取长补短，探索出符合自身教学实际，从而产生良好教学效果的教学法。

第二节　俄语教学的理论与方法

一、俄语教学的理论

（一）建构主义理论在俄语教学中的运用

1. 支架式教学

在现代语言教学中，支架式教学作为一种建构主义教学模式，其核心理念是提供概念框架作为学习过程中的"脚手架"以帮助学生不断推进智力发展，从而达到新的学习水平。这一模式与心理学家维果茨基的"最近发展区"理论不谋而合，后者强调了在教师指导下，学生可以通过支架式的支持从一个认知水平跃迁至另一个更高层次。

在俄语教学中，支架式教学适用于各种技能性知识，包括语法、语音规则的学习以及课文，尤其是说明文、议论文等篇章结构的理解。以学习名词的性为例，教学过程可以分为以下阶段：

（1）搭建"脚手架"。教师通过复习已知的语法规则，引入包含名词各性的句子，明确学习目标。

（2）进入情境。在教学实践中，教师通过播放包含各种名词性质的录音，旨在引导学生进入学习情境，激发其好奇心。

（3）独立探索。学生被鼓励独立探索名词性规则，而教师则通过提出启发性问题和适当的提示，引导学生进行思考和学习。

（4）协作学习。学生通过小组协商和讨论，分享彼此的发现和理解，最终完成了对名词性规则的意义建构。

（5）效果评价。教学效果的评价则通过相关操练来进行，这有助于不断完善学生对知识的建构和理解。

支架式教学不仅提供了一个动态的学习过程，还鼓励学生主动参与和相互合作，通过实际操作和互动来深化理解。这种教学模式在促进学生认知发展的同时，也提高了学习动机和自我效能感。因此，支架式教学在俄语教学中的应用，对于培养学生的语言技能和语法知识具有重要意义。

2. 抛锚式教学

"抛锚式教学也叫情境教学，指教学应当是在与现实情境相类似的情境中发生，以解决学习者在现实生活中遇到的问题为目标"[①]。抛锚式教学是一种以真实事件或问题为基础的教学方法，也被称为基于问题的教学。这种教学方法的核心是将学习的内容与真实的情境相结合，通过将学习内容"抛锚"在特定的真实事件或问题上，来促使学生更加深入地理解和应用所学知识。在俄语口语、听力理解、阅读、写作等多媒体支持或特定场景界定的教学中，抛锚式教学尤其适用。

3. 亲历式教学

传统教学往往侧重于直接传授知识，而忽略了学生对知识形成过程中的直观感受。然而，建构主义教学则强调教师的组织和引导，使学生参与知识建构过程。这种教学方法在俄语口语教学中尤其适用。

4. 随机进入教学

"随机进入教学是指学生可以随意通过不同途径、不同方式进入同样教学内容的学习，它是针对发展和促进学生的理解能力、知识迁移能力而提出的，所以比较适合于俄语的词汇、语法规则和翻译技巧等有一定规律可循的内容的教学"[②]。以限定从属句为例，具体如下：

（1）教师可以通过呈现基本情境的方式向学生展示限定从属句的使用。

（2）教师可以采用随机进入学习的方法，让学生通过观察、总结已有知识，逐步建构对限定从属句的理解。这种方法能够激发学生的思维，提高他们的自主学习能力。

（3）组协作学习也是建构主义教学的重要组成部分。通过围绕限定从属句展开讨论，学生们可以共同完成意义的建构，从而加深对知识的理解和应用。

---

① 李明霞，李建国. 学生为本与高效课堂 [M]. 北京：中国轻工业出版社，2015：42.
② 景亚琴. 信息化教学 [M]. 北京：国防工业出版社，2013：139.

（4）与支架式教学相似，建构主义教学也注重学习效果的评价。通过评价学生的学习成果，教师可以及时调整教学策略，更好地促进学生的学习。

5. 应用式教学

在传统的教学模式下，通常针对难以理解的知识点采用反复练习的方式，然而这种做法并不利于学生思维能力和创新精神的培养。相较之下，建构主义教学模式强调改变学生的知识结构，通过创设新情境，让学生在新的知识背景下进行应用与整合，从中发现问题、纠正错误，逐渐完善知识结构，实现对所学知识的消化。这种模式有助于学生更深入地理解和运用知识，从而促进学习效果的提高。

（二）错误分析理论及其对俄语教学的启示

1. 错误分析理论

错误分析理论盛行于20世纪中后期，它作为一种研究学习者错误的理论，通过比较母语和目标语言，分析学习者在学习过程中的错误，并提供依据以消除这些错误，是教学与学习过程中的重要参考。通过错误分析，教师可以更好地了解学生的学习困难与瓶颈，有针对性地进行教学调整，帮助学生克服难点，提升学习效率。

在外语学习过程中，学习者常常表现出一种类似于儿童学习母语的模式，形成各种假设，并通过语言接触和交际不断检验这些假设。这一过程不可避免地会伴随着错误的产生，这些错误反映了学习者对目标语言的假设与实际语言体系的不一致。然而，这些错误并非无意义的，相反，它们对于教学有着重要的意义。通过观察和分析学习者的错误，教师可以深入了解学习者的假设建立与检验过程，以及他们对目标语言的熟悉程度和学习方法。这种错误分析的过程将错误从简单的需要避免和纠正的问题提升到了认识语言学习内部过程的向导地位。错误分析理论的出现改变了人们对错误的认识方式，使其成为教学中的重要工具。随着语言学理论的不断发展，错误分析理论也将不断充实和完善，其对外语教学的指导作用也将日益重要。

2. 错误分析理论对俄语教学的启示

在俄语教学领域，错误分析理论为教师提供了重要的启示，有助于理解和解决学生在学习过程中可能遇到的问题。错误分析理论关注学生在外语学习中的错误，并将其视为学习过程的必然组成部分。通过分析这些错误，教师可以更好地理解学生的学习难点，从而调整教学策略，提高教学效果。

语言迁移是错误分析理论中的一个重要概念，它是指母语习得的知识在外语学习中的迁移现象。在儿童进行母语习得时，由于脑子中尚无外来语的影响，因此不存在语言迁移。然而，在外语学习中，学习者通常已经是青少年或成年人，他们已基本掌握了第一语言，这使得母语的影响在学习外语时时刻发挥作用，这种影响可以分为正迁移和负迁移。

正迁移是指对学习有利的语言习惯的转移，当母语与外语有相同形式时，这种迁移有助于学习者习得新语言。例如，俄语中的某些语法规则与汉语相似，学习者可以借助已掌握的汉语语法知识来更好地理解俄语语法。然而，负迁移也时常发生，它是指由于套用母语模式或规则而产生的不符合外语规则的用法，会干扰新语言的学习。在外语学习中，母语负迁移的情况较为常见。例如，汉语拼音的发音方式可能会影响俄语音标的发音，进而影响单词的发音。此外，学习者有时会错误地将汉语的语言规则应用到俄语学习中，从而产生错误。

错误分析理论认为，错误是学习者试图以自己的方式理解新语言规则的结果。因此，教师在教学中应当关注学生的错误，并将其视为学生对语言规则理解的一种尝试。通过分析错误，教师可以发现学生对语言规则的误解或忽视，从而针对性地进行教学调整，以帮助学生更好地掌握语言知识。

在俄语教学中，教师应当充分利用错误分析理论，关注学生在学习过程中的错误，并分析其成因。通过了解学生的错误，教师可以更好地指导学生，提供有针对性的教学帮助，从而提高学生的学习效果。同时，教师还应引导学生正确看待错误，将其视为学习过程中的一部分，鼓励学生从错误中学习，不断提高自己的语言水平。

（三）互动理论及其对俄语教学的启示

1. 互动理论解读

在二语习得领域，互动理论为语言教学提供了重要的指导作用。互动理论认为，语言习得是一个动态的交互过程，学习者在互动交流中修正语言，从而达到意义的沟通和理解。这一理论强调了交际语言教学的核心地位，以及语言习得中交互的重要性。

克拉申的输入假说强调了可理解性语言输入在二语学习中的重要性。在此基础上,迈克尔·朗针对语言输入的理解过程进行了深入研究,提出了交互假说。交互假说认为,在交流过程中,当理解遇到困难时,交谈双方需依据对方反馈进行意义协商,如重复、释义、改变语速等,以使语言输入变得可理解,从而促进习得。

互动理论强调了可理解输入和输出在语言习得中的重要性。在交互式教学模式下,师生、生生之间进行双向或多向的信息交流,不仅有助于学习者接受可理解性输入和反馈,还能促进他们的语言输出。这种教学模式使得学习者在实际应用中修正语言,从而更好地掌握语言知识。

然而,目前的课堂教学过程中,意义协商的环节较为欠缺。这主要源于教师向学生单一的信息流向,即教师为中心的教学模式。为了改变这种状况,使生生互动在语言习得中发挥作用,教学研究需要探讨如何将单一信息流向转变为双向、多向的交流方式。

互动理论为教学过程提供了理论依据,强调了学习者在语言习得中的主动性和交互性。在实际教学中,教师应充分利用互动理论,设计丰富的互动活动,促进学习者之间的交流与合作。通过互动,学习者可以不断地修正语言,提高语言习得的效果。

2. 互动理论对俄语教学的启示

(1)采用讨论式教学法进行教学。讨论式教学法是交谈、讨论以及对话合为一体的交互式教学法。交谈的目的是力图保持一种均等,即交谈的双方轮流讲和听,但所谈的事情并不会因采用了这种方法而取得多少进展。

在对话过程中,参与者为了快速解决他们共同面临的问题,往往将彼此视为合作者来共同研究、探讨问题,一种观点常常会引发相反的观点,而后一种观点可能会推翻前一种观点,也可能被前一种观点推翻。由于讨论会对参与者扩展知识面、增强理解力和判断力方面产生作用,因而讨论不同于交谈或其他小组谈话的形式。

在俄语课堂上进行讨论是一项重要的学习活动,旨在促进小组成员之间的相互分享和批判思想的过程。这一过程不仅有助于保持适度的严肃与活跃,而且是实现互帮互助、培养情感以及发展技能的重要途径,同时也是民主参与的前提之一。需要注意的是,要使这种讨论达到预期的效果,需要教师和学生做好充分的准备,深入了解讨论的各个特点。

（2）教师注意提问技巧。在以教师为主的互动课堂上，教师提问要注意技巧，多提开放性问题，少提封闭式问题。开放性的问题，没有固定的答案，比较有利于学生发挥想象力，给出多样性的答案，让学生有话可说，使课堂气氛变得活跃。此外，针对不同学习水平的学生，教师提的问题的难易程度也应该不同。对于学习程度比较好的学生，教师提的问题如果比较简单，可能会使他们慢慢失去学习的动力。

（3）丰富多样的小组活动。小组活动中的互动对学生习得语言有益，使他们有更多创造性地产出语言的机会，进行意义与内容协商，协同构建语篇。没有教师参与的小组活动互动可以减轻学生的心理压力，营造轻松自然的课堂气氛。多组织小组活动是个较好的选择。在组织小组活动时，教师还要注意任务的设计。任务难度是一个首先要考虑的问题，难度适中的问题有可能激发学生的学习动机，学生更有可能感到自己有能力完成任务，从而促进注意力的集中，达到习得语言的目的。此外，还要考虑小组构成、话题的可行性，要事先进行周密的设计，以保证在活动中有最多的意义协商。

（4）重视课堂交际活动。重视课堂交际活动是非常关键的。交互假设强调了交际对学习的积极作用，因此倡导以交际为基础的教学法。在俄语课堂上，教师应该促进学生之间的互动，并及时纠正和解释他们的错误。这种交互不仅有助于学生更好地理解语言知识，还可以提高他们的语言运用能力和沟通技巧。通过与同伴的讨论，学生可以不断地接触和使用俄语，从而提高他们的语言水平，培养他们的语言自信心。

（5）重视教师话语的得体性。重视教师话语的得体性也是至关重要的。根据交互假设，学习者需要能够理解他们所接收到的输入，否则这些输入对他们的学习是无用的。因此，教师应根据学生的水平逐步调整自己的话语，并使用简单的句法和词汇；采取一些母语交互调整策略，如重复、提问和刺激，以确保学生能够更好地理解和接受教学内容。此外，教师还应该注意言辞的得体性和文化的敏感性，避免可能引起误解或冲突的用语和表达方式。

二、俄语教学的方法

（一）情境教学法

1. 情境与情境教学解读

（1）情境。情境原本是中国古代美学的一个重要概念。从社会学的角度看，情境是指一个人进行某种行为时所处的社会环境，是人们社会行为产生的条件。从心理学角度看，情境表现为多种刺激模式、事件和对象等。而教育学中的情境概念一般认为始于美国教育家杜威。教育中的情境应该是通过创设具有情感共鸣和认知挑战的场景，激发学生的学习兴趣，促进他们的主动参与和整体发展。它将学习置于生动的背景之中，为学生提供了一个更具体、更有意义的学习环境。这种环境不仅仅是学习的场所，更是一个富含情感体验和思考空间的舞台。学生学习的情境不仅仅是教室内的学习环境，也可以是校园、社区甚至是虚拟空间。无论是哪种情境，它们都应该能够激发学生的兴趣和主动性，使学生在其中能够获得实际的经验和启示。

（2）情境教学。"知识只有在它们产生及应用的情境中才能产生意义，知识决不能从它本身所处的环境中孤立出来，学习知识的最好方法就是在情境中进行"[①]。情境教学是一种以具体生动的场景为基础的教学方法，其目的在于激发学生的学习兴趣，并提高他们的学习效率。这一方法通过创设真实事件或问题的情境，使学生在探究和解决问题的过程中自主理解知识，建构意义。教师在实施情境教学时，根据教学需要，精心设计并创设形象丰富、富有感情色彩的场景或氛围，从而激发学生的主动学习，以达到最佳的教学效果。这种教学模式通过创设典型场景，将学生的情感与认知活动相结合，从而促进学生全面的发展。情境教学的核心是在教师人为创设的情境中进行教学，旨在激发学生的情感和认知活动，以达到教学目标。通过这种方式，学生不仅能够在现实生活中体验到知识的应用，而且还能够在情境中主动思考、解决问题，从而加深对知识的理解和记忆。

2. 创设情境的主要途径

创设情境的方法主要包括生活展现情境、实物演示情境和音乐渲染情境。生活展现情境通过模拟日常生活场景，以口头语言和肢体语言同步讲解，

[①] 李吉林. 情境教学策略 [M]. 北京：北京师范大学出版社，2010：37.

使学生能够身临其境，更好地理解和接受所学内容。例如，通过模拟商务会谈场景，学生可以在模拟的环境中实践俄语交流，从而更深入地理解商务俄语的实际运用场景。实物演示情境则是以实物为核心，注重细节的展示，通过视觉和触觉的感知来拓宽学生的联想深度和广度。音乐渲染情境则是利用音乐的韵律感和情感表达来营造氛围，使学生更好地融入课堂情境。通过选择与课文主题相统一的音乐，教师可以在课堂上播放相关的音乐，让学生在音乐的熏陶下感受俄语的美妙之处，增强学习的情感投入和参与度。

3. 情境教学法在商务俄语教学中的应用

采用情境教学法能够使商务俄语课堂内容更加形象、更具刺激性，帮助学生形成深刻的印象，为提高学生的语言熟练程度奠定基础。情境教学旨在优化教学环境，结合科学理论，通过学生的实践活动，提高其语言技能和人格素质，促使理论学习与实际生活相结合。通过创设生动有趣的情境，教师可以激发学生的学习兴趣，增强他们的学习动力，使商务俄语教学更具有实效性和吸引力。

情境教学法的核心在于教师创设有意义的教学情境，使学生能够沉浸其中，深刻领悟课文所蕴含的情理，从而达到教材要求的标准。这种教学方法的实质是通过构建情境，让学生在其中学习、体验和应用知识，从而提高他们的学习效果和兴趣。教学情境由学科、人和物三个因素组成，其中人的因素占据主导地位。教师需要发挥创造性，将情境教学法有机地融入外语教学的操作方法中。以下探讨常见的方法：

（1）联系生活展现情境。联系生活展现情境是将教材中描述的生活情境与学生的实际生活相结合，以帮助学生更好地理解课文内容。这一方法体现了虚怀若谷、身体力行的主要思想，通过将学习与现实生活联系起来，使学生能够更深入地领会课文所传达的情感和思想。

（2）用实物演示情境。通过实物演示情境，教师可以让学生在特定的情境中感知、理解和运用所学知识。这种方法不仅可以缩短学生的认识时间，提高学习效率，而且能够激发学生的学习兴趣。特别是在初级阶段，如教授单词或句型时利用实物进行演示教学，能够突出"演"的作用，使学生更直观地理解课文内容，加深印象。

（3）扮演角色体会情境。学生通过扮演角色体会教学情境中的主题和角色情绪，深刻领悟课文的情感和中心思想。这种方法是一种深度学习的方式，通过身临其境地扮演角色,学生能够更好地理解教学材料中的情感和思想。这种体验情境的方法包括分角色朗读和直接表演两个步骤。

在分角色朗读阶段,学生通过模仿不同角色的语调、表情和情绪,更好地理解了课文中不同角色的特点。这种方法特别适用于外语学习的初级阶段,因为它有助于学生更好地领会不同语言中情感表达的方式。通过模仿角色的语音和情绪,学生能够更加深入地理解课文,同时也提高了他们的语言表达能力。

在直接表演阶段,学生可以准备道具,并通过演练小品或短剧形式来活跃课堂气氛,巩固所学知识。通过直接参与角色的表演,学生可以更加深入地理解课文情境,并且通过自己的表演来体会角色的情感和思想。这种亲身参与的方式不仅让学生更加投入学习,也提高了他们的学习效果。

(二)直接法

直接法是外语教学法中的一种流派,其核心理念在于将目的语言与实际事物直接联系,避免使用学生母语。这一方法被认为是教学法史上的一大进步,因为它为现代改革派教学法的发展奠定了基础,如听说法和视听法等。通过直接接触目标语言,学生能够更快地适应语言环境,加深对语言的理解和应用。

1. 直接法的产生

19世纪中叶,西欧资本主义进入了蓬勃发展的新时期。国际市场的扩大和交通工具的改进使各国在政治、经济、资本、科技、文化、生活等方面的往来日益增多,使用外语口语作为主要交流手段的领域越来越多。用传统的语法翻译法培养出来的外语人才尽管对书面语的理解和运用游刃有余,但不能满足新时期社会对外语口语人才的需求。因此,人们迫切需要寻找一种新的外语教学途径,使外语教学更有实效。于是,教学界、心理学界、语言学界的人士共同参与了外语教学改革,直接法这一以语法翻译法为对立面的外语教学法便应运而生。

2. 直接法的特点

直接法的特点主要有以下方面。

(1)完全用外语进行教学,外语和客观世界建立直接联系。按照幼儿掌握母语的过程,教师使用外语进行教学,并广泛使用实物、图画、动作、手势、表情等直观手段解释词义和句子，以培养学生掌握外语和客观事物建立直接联系的外语思维能力。

（2）强调模仿，养成习惯。直接法认为，外语教学应以模仿多练为主，通过直觉模仿、机械操练和记忆背诵掌握外语，并养成习惯。

（3）以归纳法教语法。初级阶段用归纳法教语法，让学生从接触到的感性语言材料中归纳出语言规则。系统的语法教学应放在高级阶段进行。

（4）在口语基础上进行读写教学。直接法主张，外语教学应从语音练习开始，对语音的掌握是学好外语的关键；口语训练是外语教学的目标，也是外语教学的主要方法。直接法的教材以文学作品为主，上课时由教师将它口语化后教给学生。朗读、口头问答、口头复述等口语活动是主要的教学活动形式。在口头掌握语言材料之后，才进行阅读和书写的训练。

3. 直接法的教学过程

（1）从听说入手，整句吞整句吐。教师可以在一开始先进行一个不见文字的听和说的口语训练，然后才进行读写训练。

（2）朗读和阅读训练。在口语训练的基础上，学生掌握了所学语言材料，然后进行朗读和阅读训练，讲解课文。

（3）讲解语法规则。在掌握语言材料的基础上，用归纳法讲解语法规则，以指导语言实践和检验言语的正确性。

（4）听、说、读、写全面训练。进行听、说、读、写的全面训练，以达到脱口而出。

4. 直接法的优缺点

（1）直接法的优点

第一，重视语音、语调和口语教学，能有效地培养学生的听说能力。

第二，充分利用直观教具，使形象与语义直接建立联系，有利于激发学生的学习兴趣，并培养用外语直接思维、记忆、表达的习惯。

第三，以句子为单位进行教学，能加强学习外语的意义性，学生可以减少孤立进行语音、语法、词汇练习的无意义和机械性操练。

第四，注重实践练习，有利于形成不假思索脱口而出的自动化习惯。

（2）直接法的缺点

第一，照搬幼儿学语的方法，忽视青少年或成年人学习外语的特点，给教学带来不必要的困难，如完全排斥本族语有时难以弄清抽象概念的意思。

第二,由于要求直接学会,避免以母语为中介,对教师的目的语水平要求高,对教学条件尤其是学习时间的投入要求也大,故很难大面积运用。

第三,由于没有明晰的语法解释,学生缺少目的语的必要知识。结果,学生会说出一些有许多语法错误的话。由于没有目的语规则的指导,他们很难避免和改正错误。

5. 直接法与俄语阅读能力培养

(1) 阅读感知与记忆。学生阅读感知的培养是增强学生阅读能力的重要手段,直接法教学可以更加有效地提高学生阅读感知的能力,但是这种培养与学生的阅读材料内容和生活及学习量的积累是分不开的。

学生在练习阅读的同时,阅读材料的内容对学生的大脑思维起着刺激作用,学生在阅读文章时会对文章内容进行分析、思考和判断,在这样的过程中,学生就需要对所阅读的材料进行反复思考。如果说学生第一遍阅读知识代表着对相关内容有了一个初步的认识,那么第二遍及以后的阅读就应该加以联想,对文中内容进行联想分析,以第一人称进入阅读内容中,这样反复地思考与联想再到记忆就会使学生对这篇文章记忆更加深刻。

(2) 直接法教学与阅读过程培养。在语言教学中,直接法教学与阅读过程培养是一种重要的教学策略。直接法教学强调使用外语直接进行教学,而不是通过翻译或其他中介手段。阅读过程中的眼动和眼停是反映学生对阅读内容理解、兴趣和难易程度的直观反应。眼动是指阅读过程中视线的跳动动作,而眼停是指视线停留在某一地方。在阅读过程中,学生通过视觉信号将阅读内容传递给大脑,大脑接收到的刺激是学生对文章内容的第一个刺激。

眼动和眼停的不同情况可以反映出学生对阅读内容的不同反应。当学生对阅读内容感兴趣或觉得内容较为容易时,他们的眼停时间可能会较短,而当学生对阅读内容不感兴趣或觉得内容较为困难时,他们的眼停时间可能会较长。这种特点可以帮助教师应用直接法来进行学生阅读能力的培养。

在阅读能力的培养中,教师可以利用眼动和眼停的特点,选择一些有价值的俄文原著进行阅读练习。通过反复阅读和理解,学生可以不断刺激大脑,让大脑对所阅读的内容产生深刻的印象。这种方法可以帮助学生提高阅读能力,并在大脑中形成关键词语的联想效应。

此外,阅读过程中的词汇和句子认知也是一个重要的因素。学生对高频词语或句子的认知较为轻松,而对陌生的低频词语或句子的认知则需要更多的时间和精力。但通过反复阅读和理解，学生也可以增加阅读内容的高频词语，并将一些低频词语转化为高频词语，从而提高阅读能力。

在学习俄语阅读时，语感的培养非常重要。通过阅读，学生可以逐渐培养语感，融入阅读内容的情境中，将自己塑造成第一人称。这种方法可以充分发挥直接教学法带给阅读的魅力，提高学生的阅读能力。

（三）交际法

交际教学法认为语言是社会交际的工具，旨在不仅仅传授语言知识，更重要的是培养学生的交际能力，这与俄语教学的目标是一致的。在俄语教学中，采用交际教学法应围绕社会交际目的选择内容和方法，以促进学生的交际能力提升。交际法的核心理念是以学习者要表达的内容为主线，以最通用的功能项目组织教学大纲。在俄语教学中，这意味着教师应该侧重于教授学生在社会交际中最常见的语言功能，如问候、介绍、提出建议等。意念在俄语教学中扮演着重要角色，分为普通和特殊两类。普通意念涵盖了各种语言环境适用的概念，而特殊意念则指特定的事物或情境。在交际教学法中，功能项目、普通意念和特殊意念在言语交际中相互紧密关联。

1. 交际法的教学过程

交际法的一般教学过程主要有以下三个步骤。

（1）通过实物、对话、图片、影像展示语言材料。在语言教学中，通过实物、对话、图片、影像等多种语言材料展示真实情境的对话练习，是一种高效的教学方法。这种方法能够提供生动具体的语境，帮助学生更好地理解语言的使用场景和语境。

（2）语言点和句型的模拟练习。在语言点和句型的模拟性练习中，教师的角色至关重要。教师可以提取重要的语言点和句子做范例，引导学生在受控的语境下进行练习，帮助他们掌握和灵活运用所学的语言形式。教师还可以及时纠正学生的错误，并给予积极的反馈，帮助他们不断提高语言表达能力。通过这种有监控的语境练习，学生可以在较低的压力下逐步掌握语言技能，为日后的真实交流做好准备。

（3）自由表达。实施自由表达训练是提高学生语言水平的关键环节。在这种训练中，学生将在提供的实际交际情境中，重新组织已学的语言形式，自由地表达思想。通过这样的训练，学生将逐渐实现从半自由到自由的语言运用过程，提高他们的语言流利度和表达能力。

2. 交际法的优缺点

（1）优点分析。交际法被认为是学习第二语言的终极目标，同时也是教学的有效手段。通过交际法，学生能够在实际运用中掌握交际技巧，灵活运用新的语言句式和词汇。传统的教学模式已经被交际法所改变，课堂主体从教师转变为学生。在这种模式下，教师的角色更像是交际情境的"导演"，他们组织各种涵盖大量知识点的交际对话、小组辩论等活动，让学生在实践中消化和吸收课本知识。在俄语课堂上，教师可以设计各种交际活动，如独白、对话、课堂讨论等，要求学生亲自参与并组织语言。这种学习方式远离了传统的背诵和死记硬背，而是注重学生在真实交际中的实践和应用。学生通过交流，不仅提高了语言技能，还培养了解决问题和沟通的能力。特别是在俄语学习中，语法和语音结构复杂，因此通过交际法，学生更容易理解和掌握这些复杂的语言规则。教师在交际法下的角色也发生了转变，他们不再是单纯的知识传授者，而是引导者和组织者。教师需要提供丰富多样的语言情境，激发学生的兴趣和动力。他们设计的交际活动应该具有足够的挑战性，既能够满足学生的学习需求，又能够激发他们的思维和创造力。在俄语教学中，教师可以设计一些有趣的角色扮演活动，让学生在模拟的情境中运用所学的语言知识，从而增强他们的语言表达能力。

（2）缺点分析。交际法作为另一种教学方法，虽然也强调语言的实际运用，但是在俄语学习中却存在一个明显的缺陷，即对基本语法知识的训练不足。这种不足使得学生的基础语法掌握不够扎实，从而影响了他们对复杂句子的理解能力。同时，这也给教师增添了不小的教学压力，因为他们需要花更多的时间和精力去弥补学生在语法方面的不足。

3. 交际法在俄语教学中的具体应用

（1）备课是教学工作的重要环节，它直接关系到教学质量的高低。首先，教师应精心备课，这意味着教师需要花费充足的时间和精力来研究教材内容和结构。了解教材的脉络，把握教学的重点和难点，有利于教师有针对性地进行教学准备。教师还应选取相关的课外知识来激发学生的兴趣，通过扩展教学内容，让学生在学习中体验到更广阔的知识世界。在此基础上，教师要结合学生的实际需求，制订科学的教学计划，因材施教，循序渐进，确保教学过程的有效性和高效性。其次，教师应综合运用多种教学手段，以满足不同学生的学习需求和学习风格。例如，可以采用讲授、示范、讨论、练习等多种方式，灵活运用教学工具和资源，使教学过程更加生动、活泼，提高学生的学习积极性和参与度。

（2）在教学过程中，师生互动交流是至关重要的，它有助于培养学生的交际能力和俄语语言运用技能。教师在与学生的互动交流中，应该使用通俗浅显的俄语指导学生，让学生能够听懂、理解，并尽力使用俄语进行交流。通过与教师和同学的交流互动，学生能够在潜移默化中提高俄语语言运用技能，增强自信心，培养良好的学习习惯和积极的学习态度。教师应该鼓励学生积极参与课堂互动，主动表达自己的观点和想法，创造一个宽松、活跃的学习氛围，促进师生之间的良好互动关系，实现学习与交际的有机统一。

（3）实景模拟训练在俄语教学中扮演着至关重要的角色。通过现场模拟情境，教师可以创设生动真实的语言交际环境，使学生沉浸其中，更好地理解和应用俄语。这种实践性的教学方法不仅使学习过程更加生动有趣，而且有助于提高学生的学习积极性和交际愿望。教师可以结合教材内容或日常生活，提供创造性的交流机会，从而激发学生用俄语进行交流的兴趣。这种创造性的交流环境能够让学生更加自然地运用所学俄语，促进语言能力的全面提升。在实景模拟训练中，特别重要的一点是提高学生的交际能力。逼真的表演情境可以有效地培养学生的俄语交际能力，使他们能够将俄语视为实际交际工具。通过模拟各种真实场景，如购物、旅行、餐厅用餐等，学生不仅可以学会日常对话的应对方式，还能够培养应变能力和自信心。这种全方位的语言实践不仅仅是在课堂上进行的模拟，更是将学生置身于俄语环境中，真实地感受和运用语言的过程。

第三节　俄语语言文化的学生能力习得

一、俄语语言文化概述

俄语作为联合国工作语言之一，拥有丰富的语言特点和独特的文化特色，其语音、语法、词汇等方面的特点，对语言学习者产生了重要的影响。首先，在语音方面，俄语拥有丰富的元音和辅音，以及独特的重音和语调。这种语音特点使得俄语具有音乐性和表现力。其次，在语法方面，俄语有着复杂的变化形式，如名词的性和数的变化，动词的人称和时态变化等。这种变化形式丰富了对语义的表达。最后，在词汇方面，俄语拥有大量的同义词和反义词，使得表达更加精确。

俄罗斯的历史、文学、艺术、风俗习惯等文化元素，构成了独特的俄语文化特色。俄罗斯历史悠久，从古代的东正教文化到现代的文学艺术，都深深地影响了俄语的发展。俄罗斯文学，如托尔斯泰、陀思妥耶夫斯基等大师的作品，对俄语的词汇和语法产生了深远的影响。俄罗斯艺术，如音乐、绘画等，也使得俄语具有了独特的表达方式。俄罗斯的风俗习惯，如节日庆典、饮食习惯等，也反映了俄语的语言特点。

在全球化的背景下，俄语语言文化的传播与发展趋势日益明显。随着国际交流的不断深入，越来越多的国家开始关注和学习俄语。这不仅有助于推动全球俄语教育的发展，也有助于促进世界文化的交流与融合。

二、学生能力习得的理论基础

语言习得理论是研究学生如何学习语言的理论。主流的语言习得理论包括行为主义理论、认知主义理论等。

第一，行为主义理论。行为主义理论认为，语言学习是一种刺激—反应的过程。学习者通过不断地模仿和重复，形成语言习惯。认知主义理论则认为，语言学习是一种认知活动。学习者通过内部的认知过程，构建语言知识。交际法则是以交流为导向的语言学习方法，强调在实际交流中学习语言。

第二，文化认知处理文化认知理论是从文化的角度来研究语言学习。文化认知理论认为，语言和文化是密不可分的。学习者需要理解和掌握目标语言的文化背景，才能真正掌握目标语言。

此外，心理学也为学生能力习得提供了重要的理论基础。心理学研究表明，学生能力习得的过程涉及认知过程、学习策略及影响因素等方面。

三、俄语语言文化学生能力习得的教学策略

针对俄语语言文化的特点和学生能力习得的需求，主要有以下教学策略：

第一，在教学内容与课程设计方面，我们应注重将俄语语言文化和文化背景相结合，使学生能够在学习语言的同时，深入了解和理解俄罗斯的文化。

第二，在教学方法与手段创新方面，我们应尝试情境教学、任务型教学、

合作学习等方法。情境教学可以让学生在实际的语言环境中学习和使用俄语，任务型教学可以提高学生的实践能力和交际能力，合作学习可以促进学生之间的交流和合作。

第三，在教学评价与反馈机制方面，我们应构建科学的教学评价体系，及时反馈学生的学习情况，调整教学策略。同时，教师应根据学生的反馈和学习情况，及时调整教学内容和教学方法，以提高教学效果。

第五章　俄语教学设计及学生能力培养

第一节　俄语教学设计的主要阶段

一、教学设计阶段

（一）教学目标的设计

教学目标在教育活动中具有至关重要的地位，它指明了教学活动的方向，并预设了预期的教学成果。教学目标是教学活动的起点和终点，它们是衡量教学成效的重要标准，对于提高学习效果具有基础性的作用。

首先，俄语教学目标的设计需要依据俄语学科的教学大纲或课程标准。这些文件详细规定了学生在各个学段应掌握的俄语知识和技能，因此它们是制定教学目标的根本依据。教师在设计教学目标时，应确保其与教学大纲或课程标准的要求相一致。其次，俄语教材的重点和难点也是制定教学目标的重要依据。教师需要准确把握教材的核心内容，明确学生需要掌握的知识点、技能以及达到的程度，同时也要考虑如何帮助学生解决学习过程中遇到的疑难问题。这些因素是教学设计中的重中之重，它们直接关系到教学目标的实现。

学生的学习现状也是设计教学目标的重要依据。不同学段、不同班级，甚至同一班级的不同学生，他们在学习状况、知识水平、认知能力、学习氛围等方面都存在差异。因此，在设计教学目标时，教师需要充分考虑这些因素，找到有效的解决措施。只有在充分关注个体差异的情况下，让每个学生都能在教学中取得进步，才能称之为成功的教学。

（二）俄语教学目标的设计

1. 俄语学期教学目标的设计

学期教学目标是为实现专业培养目标，结合学科特点、学段特点、认知水平，依据本学期的教学时间和任务制定的该学科本学期所要达到总体目标和教学进度推进表。俄语学期教学目标是俄语章节教学目标和课时教学目标的统领，是俄语章节教学目标和课时教学目标顺利推进的预设。

2. 俄语章节教学目标的设计

在进行俄语章节教学目标设计时，要注意以下方面：一是，在精读整个单元教材的基础上，全面分析课与课之间的内在联系和知识交叉点；二是对本单元的基本知识和言语技能有清晰的认识；三是明确本单元的重点、难点；四是必要时可结合学情特点和认知水平，对本单元的内容进行重新编排整理。

3. 俄语课时教学目标的设计

课时教学目标是在学期总体教学目标的统领下，对章节教学目标的分段实施，是依据具体教学内容制定的教学过程中教与学的互动目标。由于具体的教学行为是有时段的，为了提高单位时间的教学效率，俄语课时教学目标必须有质与量的规定，还要突出过程性的特点。

在进行俄语课时目标设计时要考虑以下因素：①注意知识呈现的层次性，先易后难，先简后繁；②板书内容简单、清晰、明了；③精心设计课堂练习，真正做到以练促教；④注重师生互动，生生互动；⑤渗透学法指导，培养良好的学习习惯和自学能力。

俄语课时教学目标的达成是渐进的、反复的，有时为了实现某一目标需要反复学习、训练。当然这种反复绝不是原地重复，而是在另一高度上的反复与强化。

总而言之，无论哪个层面的俄语教学目标设计都要有明确的指向性，因为俄语教学目标说到底是规定做什么、怎么做、做出怎样的结果来，所以指向一定要清晰明确，明确到如何具体操作，清晰到能够以此为依据来检测学生的俄语学习情况。

（三）俄语课堂教学过程的设计

1. 以学生为中心——吸引学生注意力的导语设计

在教学设计中，以学生为中心的理念至关重要，其核心在于激发学生的学习兴趣和主动参与意识。在现代教育环境中，教师面临着如何吸引学生注意力的挑战，尤其是在信息爆炸的时代背景下。因此，导语设计成为教学过程中的关键环节，它能够有效地吸引学生的注意力，激发他们的学习欲望。

导语设计的艺术在于激励、唤醒和鼓励学生。一个精心设计的导语，如同半开的帷幕，激发学生的好奇心；它又如热烈的乐章序曲，感染学生的心灵；抑或是敞开大门的宫殿，引导学生探索知识的宝藏。教师在设计导语时，不仅要深入理解教学内容，还要运用个人智慧，创造性地选择导入方式，以此将学生的注意力牢牢吸引到课堂上。在俄语课堂教学中，导语的设计可以采用多种方式。

（1）问题式导入。教师可以提前准备与讲授内容相关的问题，通过提问引导学生自然地过渡到新课程。成功的问题导入不仅能够营造积极的课堂氛围，还能激发学生的求知欲望，使新教学内容得以自然呈现，实现学生从"想要学"到"学到想要学"的转变。然而，教师在设计问题时，应站在学生的角度，选择能引起学生共鸣的内容，以确保吸引学生的注意力。

（2）文字资料导入。教师可以利用与教学内容相关联的海报、广告、谜语、短故事等作为导入工具，帮助学生更好地理解和进入学习状态。

（3）音频、视频导入。随着科技进步，多媒体越来越多地应用于课堂教学。青春期的学生对新鲜事物充满兴趣，因此音频和视频导入通常最受学生欢迎。这些多媒体资源能够给学生带来强烈的听觉和视觉冲击，迅速吸引他们的注意力。然而，由于制作这些资源耗时费力，教师往往不将其作为首选。

（4）时事导入。学生通常会对自己所处的社会环境或身边的新闻感兴趣，因此时事也可以作为导入的选择。通过教师精彩的新课导入，可以瞬间点燃学生求知的热情，营造良好的课堂氛围，为教学活动的顺利实施奠定基础。

在实际教学中，教师在进行导语设计时，应注意以下方面：一是言简意赅。导语应简洁明了，避免冗长复杂，以三两分钟为宜，确保不喧宾夺主，主次分明。二是巧妙有趣。导语应具有吸引力，不仅要简练，还要生动有趣，以引起学生的共鸣，并与教学内容巧妙衔接。三是启发诱导。无论是问题式导语还是情境式导语，都应具有针对性和启发性，为学生留下思考空间，激发他们对知识的探索和思考。四是通俗易懂。导入内容的选择应避免深奥难懂的材料，而应选择符合学生认知能力和水平的内容，以确保学生能够理解和感兴趣。

2. 重视学习过程——提升学生参与意识的过程设计

20世纪90年代中后期，我国教学设计研究领域出现了一场重要的转变，研究者们开始更多地关注教学设计的实际应用和实践。例如，何克抗教授主张"教学并重"。他在《教学系统设计》中提出，在进行教学系统设计时，强调学生的自主学习，而忽视教师的主导作用；强调认知过程在意义建构中的重要性，而忽视情感因素在意义建构中的作用。这一理论的提出，对我国教学设计领域产生了深远的影响，彻底改变了学生在课堂中的被动接受、仅仅完成听讲、记笔记的学习模式。

在这个过程中，学生不再是教师操控的"牵线木偶"，而是成为学习的主体。教师的角色从传统的知识传授者转变为引导者和协助者，引导学生主动探索和建构知识。这种教学模式的变化，极大地提升了学生的学习参与意识和自主学习能力。

学生学习过程的重视，意味着教学设计中要充分考虑学生的主动性和积极性。教师需要通过各种教学手段和策略，激发学生的学习兴趣，引导他们积极参与到学习过程中来。这包括设计富有挑战性的学习任务，提供适当的学习资源和支持，以及创建积极的学习氛围，让学生能够在其中自由地思考、探索和表达。

同时，教学设计中也要注重情感因素的培养。情感因素在学生的学习过程中起着至关重要的作用。教师需要关注学生的情感需求，创设情感支持的环境，帮助学生建立积极的自我认知和自我价值感。这不仅有助于提高学生的学习动力，还能够促进他们的心理健康和个人发展。

此外，教学设计中还要注重学生的个性化发展。每个学生都有自己的特点和潜能，教学设计应当充分考虑这些个体差异。教师需要根据学生的实际情况，设计个性化的学习路径和教学策略，以满足他们不同的学习需求。这包括提供不同难度的学习材料，设计针对性的辅导和指导，以及实施个性化的评估和反馈。

总的来说，重视学习过程的教学设计，能够有效提升学生的参与意识和自主学习能力。教师需要从学生的角度出发，设计富有挑战性、情感支持和个性化的教学活动，以激发学生的学习兴趣和潜能。通过这样的教学设计，学生将能够更加主动地参与到学习过程中来，提升学习成效，并促进自身的全面发展。

3. 重视情境创设——提倡基于情境的教学策略设计

在教育实践中，情境的重要性已被广泛认识到。知识唯有融入情境之中，方能展现其生机与活力。在俄语教学领域，未来的发展趋势将着眼于基于建构主义学习观的情境创设，以及情境导向的教学策略设计，以提升课堂教学的效果。

建构主义学习观强调学习者在一定的情境下，通过主动建构和有意义的学习活动获取知识。这一观点转变了传统教学中学习者被动接受知识的模式，而是鼓励学生在实际情境中，借助教师引导、同伴合作和必要信息的支持，进行有意义的知识建构。在此背景下，学习情境的创设成为教师教学设计的核心要素。教师在创设学习情境时，应遵循情境的真实性原则，确保教学活动能够在与现实情境相似的环境中进行，以解决学生在现实生活中遇到的问题。这意味着学习内容应选择真实性任务，避免简化处理，并在课堂教学中运用真实的任务、日常活动或实践，以整合多重内容或技能。真实性任务的选取是情境创设的关键。这些任务应与学生的实际生活紧密相关，能够激发学生的兴趣和参与度。通过解决现实生活中的问题，学生能够更好地理解和学习俄语，同时也能够提高他们的语言运用能力和解决实际问题的能力。

此外，真实性情境的创设还要求教师在课堂上运用多种教学资源和技术。例如，教师可以利用多媒体教学材料、网络资源、真实语境的音频和视频等，为学生提供丰富多样的学习材料和真实语境的体验。这样不仅能够增强学生的学习动力，还能够帮助他们更好地理解和应用所学知识。

二、教学评价阶段

（一）注重形成性评价，做好学习过程记录

根据在教学活动中起到的不同作用，评价一般被分为诊断性评价，形成性评价和总结性评价。传统的考试就是总结性评价的具体体现。

形成性评价，是在教学过程中为改进和完善教学活动而进行的对学生学习过程及结果的评价。它包括在一节课或一个课题的教学中对学生的口头提问和书面检测。"形成性评价"这个词对于学习过教育学理论的各位教师想必并不陌生，但因为准备过程的复杂，统计数据的烦琐，真正将其应用于教学实际工作中的人恐怕少之又少。

　　俄语是交际工具，是沟通的纽带，是一门实践性课程，随着大家对课堂教学过程设计的重视，对学生学习过程的跟踪记录也重视起来。以下是常用的一些评价方法。

1. 批改作业

　　在教学实践中，作业批改和成绩记录是重要的教学环节，它们对于学生的学习进步起到了关键性的作用。作业批改应坚持三个原则，以促进学生能力的提升和自主学习能力的培养。首先，对于优等生的作业，教师应采取只批不改的做法。这样的策略鼓励学生自我检查和纠正错误，培养他们的自我学习能力。在学生自行改正后，教师应重新批改，以确保学生能够意识到自身的不足，并学会发现问题和解决问题。其次，对于中等生的作业，教师应多批少改。这种做法鼓励学生进行自我比较和思考，从而达到举一反三的效果。通过教师的指导和反馈，中等生能够更好地理解学习内容，提升自己的学习水平。最后，对于学困生的作业，教师应仔细批改，并进行示范改正或当面批改。这样的做法有助于学生清晰地认识到自己的问题所在，并找到解决问题的方法。通过这种个性化的指导，学困生能够得到更多的帮助，增强学习的信心，提高学习成效。

2. 记录成绩

　　在记录学生成绩时，我们应采用单项评价的方式。这种评价方式不是为了排队，而是为了促进学生的发展。它旨在为学生和教师提供关于学习任务完成情况和知识掌握情况的客观反馈，以便及时调整和改进教学策略。

　　形成性评价是教学过程中重要的评价方式。横向评价比较了学生在一段时间内的学习状况，而纵向评价则记录了每个学生不同学习阶段的真实情况。这种评价方式体现了学生发展的个体差异，对于优秀生和学困生都有积极的影响。

　　对于优秀生而言，形成性评价能够增强他们的学习成就感，坚定学习信心，保持学习兴趣，稳定学习成绩。而对于学困生而言，这种评价方式能够及时提供帮助，增加个别辅导的机会，有利于他们改进学习方法，增强自信心，体验到学习的快乐。

（二）弱化总结性评价，科学合理设计试卷

"总结性评价是在一个大的学习阶段、一个学期或一门课程结束时对学生学习结果的评价"①。总结性评价在我们的教学活动中多充当期末考试、升学考试的角色，是被人们广泛认可的评价方式。

传统的总结性评价往往以一张考卷作为评价手段。然而，考卷的难易程度和试题的编排是否符合学生的认知习惯和知识水平，都会影响到评价结果的准确性。目前，许多学校在考试前会从题库中随机抽取一套试题作为考题，但这套试题并不一定真正反映了本学期或本学科的教学重点，以及学生的学习状况。因此，为了获得对教学的真实了解，教师需要精心编排和设计考题，这是他们的责任和基本能力。在试题编排时，应注意到以方面：

第一，试题的难度应以中等生为主，同时兼顾学困生和优等生。通常，试题的难易比例为中等难度占60%，较易题型占20%，偏难题型占20%。

第二，题型的分布应先易后难，避免试题难度呈跳跃式分布，以免给学生造成心理压力，导致放弃的想法。

第三，试题应减少对知识的考查，加强能力的考查。传统的考试往往侧重于知识的记忆，而忽视了能力的培养。因此，在编写试题时，应减少单纯的知识性考查，逐步增加能力类试题的比重。这将有助于改善学生平时不听讲，考前狂背的不良习惯，促进学生积极参与学习过程，积累学习经验。

高考改革的实践已经为我们提供了一个良好的榜样。通过减少知识性考查，加强能力类试题的比重，高考改革旨在引导学生积极参与学习过程，培养学生的综合素质。这种改革不仅有助于提高学生的学习效果，还能培养他们的创新能力和实践能力。

（三）制定科学合理的成绩核算方式，降低学生考试负担

为了让形成性评价的结果落到实处，需改变以总结性评价为重，"一张考卷定优劣"的传统评价方式。为了让学生真正认识到功夫在平时的重要

---

① 高茂军，王英兰. 核心素养引领下的课堂教学革新[M]. 天津：天津教育出版社，2018：118.

性，教师必须自觉探索并运用综合评价方式（即对评价对象进行完整、系统的评价）对学生俄语期末成绩进行核算。

俄语是一门实践性课程，以不同级别作为评价框架，倡导关注学生终身发展的评价体系和多元的评价方式，坚持形成性评价和终结性评价相结合，摒弃传统单一评价方式，积极探索动态的、发展的、综合的评价方式，是真正通过让教学评价完成检查学生学习效果，促进学生全面发展能力的培养，反馈教学过程的不足，强化矫正教与学的效果的任务。

三、反馈修正阶段

教学设计其实是一个连续的，不断改进和提高的过程。它构思于课前，展开于课堂，调整于过程，完善于课后，环环相扣，动态发展。由此可见，反思是修正、完善教学设计有效性的必要环节。

（一）教学效果与学习效果的及时反馈

在教学过程中，下课铃声并不意味着教学任务的结束，而是教学时间的转换。教师在课后仍需对学生的学习效果进行持续的监测和评估，这项任务虽然具有延时性，但对教学的重要性不容忽视。教学效果和学习效果的及时反馈是提升教学质量的关键。教师可以通过多种途径来了解教学效果和学习效果，具体如下：

第一，课堂提问和师生互动。通过直接的课堂提问、师生对话或生生对话，教师可以即时了解学生对知识点的掌握情况，以及对课堂内容的理解程度。

第二，课堂活动巡视。在课堂活动中，教师可以通过巡视观察学生的参与度、合作情况和解决问题的能力，从而评估教学效果。

第三，作业批改。通过批改学生的课后作业，教师可以发现学生普遍存在的问题，了解他们对课堂内容的掌握情况。

第四，学生交流。在课外时间，教师可以有意或无意地与学生交流，了解他们的学习体验和需求，以及他们对教学内容的看法。

第五，调查问卷和学生座谈。教务科定期举行的调查问卷或学生座谈会可以提供学生对教学的反馈，帮助教师了解教学效果。

通过对这些反馈信息的分析思考，教师可以轻松掌握学生的学习情况，并以此为依据指导今后的教学。这种及时的反馈和评估有助于教师调整教学策略，满足学生的学习需求，提高教学质量和学习效果。

（二）教学反思的具体特点分析

教师的专业成长的另一个重要途径是进行教学反思，教师对自己的教学进行反思有助于提高自身的教学能力。反思是理论与实践之间的对话，是二者之间相互沟通的桥梁。

教学反思对每一位一线教师都不会陌生，书写教学反思也是每位教师课后必做的功课，但真正把教学反思落到实处的可能寥寥无几。一般而言，教学反思应该具有以下特点：

第一，针对性。教学反思可以是对课堂教学的某个环节进行思索，也可以围绕整个教学设计进行，虽没有一定之规，但一定要有明确的针对性。

第二，指导性。教学反思就是对本次教学中存在的不足之处自觉地进行调整、改进，对闪光之处及时记录、积累，力求在今后的教学实践中精益求精，继续发扬的过程，因此具有极强的指导意义。

第三，反复性。一个优秀的教师应当是每隔一段时间重新翻看教案，或重新回忆当时的教学情境，依然能从中查找不足，发现亮点。反思的层面也是透过某种现象，逐渐发现某些本质的东西，以此达到不断提高个人教学能力和理论水平的目的。

第二节 俄语教学设计的侧重点

一、依据不同学习阶段的俄语教学设计侧重点

在俄语教学设计中，根据不同学习阶段的学生认知水平和思维方式的特点，教师应采取不同的教学策略，以满足学生的学习需求。

第一，对于俄语入门阶段的学生，教学设计应注重激发学生的学习兴趣。初学者往往对新语言充满好奇，但同时也可能感到困惑和挫败。因此，教师应降低学习难度，采用生动有趣的教学方法，如游戏教学法和直观教学法，以培养学生的学习兴趣和热情。通过多感官刺激和学生的积极参与，教师可以帮助学生在轻松愉快的氛围中学习，从而提高学习效果。

第二，对于系统学习阶段的学生，教学设计应注重知识的迁移和整合。系统学习阶段的学生已经具备了一定的基础知识技能，他们的学习任务是在有限的时间内完成知识的积累和技能的熟练应用。因此，教师应引导学生发现已知和未知知识之间的内在联系，运用迁移、对比等方法，让学生在温故知新的过程中解决疑难问题。同时，教师应帮助学生优化学习方法，提高学习效率，通过知识的分割整理、条块管理和相似之处的总结，让学生系统地掌握知识，具备终身学习的能力。

二、根据不同教学内容的俄语教学设计侧重点

在俄语教学设计中，教学内容的不同要求采用不同的教学模式和方法，以达到最佳的教学效果。以下探讨不同教学内容的教学设计侧重点：

第一，自学—指导模式。这种模式强调学生自学为主，教师指导为辅。在高校俄语教学中，适用于单词的预习与运用、课文翻译梳理等。教师可以组织小组讨论或合作学习，提供必要的指导和支持，帮助学生自主学习并巩固知识。

第二，任务—驱动模式。这种模式以明确的教学目标为导向，注重学生的实际操作和应用。在高校俄语教学中，常用于单词记忆、句式套用、编写对话、阅读理解、听力训练等。教师可以通过任务积分等激励方式，推动学生积极参与教学活动，确保教学目标的达成。

第三，问题—探究模式。这种模式以问题为中心，引导学生通过发现和解决问题来学习。在高校俄语教学中，适用于问题讨论、语法知识的学习及词形变化规律的探索。教师应采用设问的方式做教学铺垫，通过质疑和讨论完成教学推进，培养学生的批判性思维和问题解决能力。

第四，情知—互促模式。这种模式强调情感和认知的相互促进，创设轻松愉快的教学气氛。在高校俄语教学中，特别适合句式、对话的讲授与演练。教师应成为一个成功的情境设计者和最佳导演，引导学生跟随教师的脚步，和上教师的节拍，一同完成教学，提高学生的学习兴趣和动机。

三、根据不同学情、班情的俄语教学设计侧重点

在俄语教学设计中，考虑不同班级的学情和班风特点是至关重要的。每个班级都有其独特的学情和班风，这要求教师根据实际情况进行个性化的教学设计。

对于沉稳内敛、缺乏个体表现欲的班级，教师应设计一些能够调动学生情绪、引发参与热情的教学活动，如单词接龙、传声筒、数字对对碰等。这些活动可以帮助羞于表现的学生自然地展现自己，并在集体情绪的感染下释放隐藏的热情。反之，对于气氛活跃、乐于个人表现的班级，教师应选择一些教师易于掌控、重在个体参与的教学活动，如一站到底、头脑风暴、我是大赢家等，这些活动既能满足学生的表现欲，让他们感受到关注和参与乐趣，又能让教师灵活控制课堂，达到教学目标的完成。

总体而言，无论哪种情况的教学设计侧重，都应遵循"教师为主导，学生为主体，训练为主线"的原则。教师应根据班级的实际情况，灵活运用不同的教学策略，确保教学设计既能够激发学生的学习兴趣，又能够有效地完成教学任务。

第三节 俄语教学设计的基本原则

教学设计扮演着连接教学理论和实践的桥梁的重要角色，被视为教学工作的基本环节。其中，课堂教学设计作为教学设计中最基本的内容，直接决定了课堂教学效果的优劣。为了使课堂教学真正实现教学最优化，保证课堂教学活动获得最佳效果，我们在课堂教学设计中应遵循以下原则。

一、俄语教学设计的针对性原则

教学设计的根本目的在于解决教学实际问题，这一点被查尔斯.M.赖格卢特强调，他认为教学设计是一门涉及理解与改进教学过程的学科。因此，教学设计的核心在于提出最优的教学方法，使学生的知识和技能发生预期的变化。教学设计并非仅仅是一种计划或者蓝图，而是一种有机的整合，将教学目标、教学内容、教学方法、教学手段以及评价方式等诸多因素有机地结合起来，以最大程度地促进学生的学习。可见，教学设计过程中的任何教学行为都不是突兀出现的，而是针对某一教学内容或强化活动的有的放矢。如通过单词接龙的游戏达到熟记单词的目的；借助录音的播放完成对学生听力水平的训练等。因此教师在进行教学设计时，应充分分析教学内容，了解学情，寻找易操作的好控制的教学活动。并对这些教学活动效果做一些预设，明确活动目的，才能依托这些最优的活动行为使学生的知识技能发生预期变化。

二、俄语教学设计的双向性原则

在探讨俄语教学设计的双向性原则时，我们首先应当认识到，教学活动是一种师生共同参与的双边统一过程，这一过程不仅仅是教师对知识的传授，更是学生对知识的学习和智力的开发。因此，教学设计应当以教师和学生的共同创造性活动为核心，实现"教法"和"学法"的双向设计。

传统的教学设计观念往往局限于教案书写和教师的课堂讲授，忽视了学生的主体地位和能力的培养。然而，现代教学设计观念强调在顺利实施教学内容的同时，培养学生的学习能力，开发学生的智力。这就要求我们在进行教学设计时，既要考虑到教师如何教，也要在充分分析学生认知水平和学习状态的基础上，引导学生如何学，如何采取有效措施不仅让学生学，还要让他们学会和运用这些知识。因此，俄语教学设计应遵循双向性原则，即在教学过程中，教师和学生均需发挥各自的主体作用。教师应根据学生的实际需求和认知水平，设计出既能够有效地传授知识，又能激发学生学习兴趣和积极性的教学方案。同时，教师还需关注学生的个体差异，给予每个学生个性化的指导和支持，帮助他们克服学习中的困难，提高学习效果。

学生也应在教学过程中发挥自身的主体作用。他们需要积极参与课堂讨论，主动提出问题，表达自己的观点和想法。通过与教师的互动，学生可以更好地理解和掌握知识，提高自己的学习能力和智力水平。同时，学生还应学会独立思考，自主学习，将所学知识运用到实际生活和工作中，实现知识的转化和价值的实现。

总而言之，俄语教学设计的双向性原则要求教师和学生共同努力，实现教学活动的最优效果。教师应充分发挥自己的专业知识和教学能力，设计出既能传授知识，又能培养能力的教学方案。学生则应积极参与教学过程，发挥自身的主体作用，通过与教师的互动，提高自己的学习能力和智力水平。只有这样，我们才能实现传授知识、开发智力、培养能力三位一体目标的有效途径，为俄语教学的发展作出贡献。

三、俄语教学设计的多元化原则

多元化原则在教学设计中的重要性体现在以下两个方面：

第一，不同的教学媒介具有各自独特的功能特性和局限性。例如，单词卡片和挂图能够直观地展示语言符号和实物，但可能缺乏动态性和交互性；而音频和视频则能够提供更为生动的语言环境和情境，但也可能需要更高的技术支持和学生的专注度。因此，教师在设计教学时，应当根据教学目标和学生需求，选择和组合不同的教学媒介，以发挥它们的最大效用。

第二，单一的教学媒介使用可能导致学生的审美疲劳和学习兴趣的下降。如果整堂课都使用一种教学媒介，四十分钟下来学生势必会感到审美疲劳，容易在后半程形成沉闷枯燥的局面，违背了使用教学媒介是为了激发学生兴趣的初衷。因此，教师应当避免过度依赖单一的教学媒介，而是通过多元化的教学媒介组合，为学生提供丰富多样的学习体验，以保持他们的学习兴趣和积极性。

在实际的教学设计中，教师可以根据具体的教学内容和目标，将不同类型的教学媒介进行有机组合。例如，在进行词汇教学时，教师可以使用单词卡片和挂图来展示词汇，并通过音频和视频提供相应的发音和实际应用场景。这样，学生可以在多种感官刺激下学习词汇，从而提高记忆效果和语言运用能力。因此，教师在进行语法或对话教学时，可以通过情境模拟、角色扮演等互动活动，结合多媒体教学资源，让学生在实际语境中运用所学知识，提高语言实践能力。

此外，教师还应根据学生的个性特点和学习风格，灵活调整教学媒介的使用。通过多元化的教学媒介组合，教师可以满足不同学生的学习需求，促进他们的个性化学习。

第四节　俄语教学的学生能力培养

一、俄语教学中学生认知过程的培养

（一）感知规律与观察力的培养

1. 感觉与知觉

（1）感觉。感知是人类认识世界的起点，它是感觉和知觉的统称。感觉是人脑对直接作用于感觉器官的事物的个别属性的反映。感觉是一种简单而又十分重要的心理活动，它是我们获取知识的源泉，是高级心理活动的基础。我们通过感觉来认识世界的形式和运动。感觉包括外部感觉，如视觉、听觉、嗅觉、味觉、肤觉等；内部感觉，如动感觉、平衡感觉、机体感觉等。

感觉的个别属性越丰富、越精确，我们对这一事物的知觉也就越完整、越正确。感觉和知觉是相互关联的，感觉是知觉的基础，知觉是感觉的综合。在现实生活中，我们一般是以知觉的形式来反映客观事物的，感觉只是作为知觉的组成部分而存在于知觉之中，很少有孤立的感觉存在。

（2）知觉。知觉是人脑对直接作用于感觉器官的事物的整体反映。例如，当我们看到一个苹果时，我们的眼睛捕捉到了苹果的颜色、香味、硬度、甜味等个别属性，然后把这些个别属性进行综合，我们就形成了对苹果的整体映象，这就是对苹果的知觉。知觉具有四个基本特征，即选择性、理解性、整体性和恒常性。

第一，知觉的选择性是指人对外来信息进行选择并做进一步加工的特征。人类的知觉具有主观性，我们对外界信息的选择受到需要、动机、兴趣等因素的影响。在感知过程中，被选择的信息成为知觉的对象，而其他信息则成为知觉对象的背景。这种选择性使得我们能够有主次地认识外界事物。例如，心理学中的图形和背景效应实验就展示了知觉选择性的作用，我们有时候看到图上的花瓶，有时候看到两个人的脸部侧面，但是不能同时看到两者。

第二，知觉的理解性是指人在加工信息时用词加以概括，并赋予它一定

意义的特征。知觉的理解性受到个人知识经验、言语、实践活动、个人兴趣爱好等因素的影响。我们对知觉对象的理解是以过去已有的知识经验为前提的，不同的人由于知识经验的差异，对同一个事物可能会有不同的知觉。

第三，知觉的整体性是指人在加工信息时根据自己的知识经验使知觉保持整体性。人的知觉可以把客观事物中缺少的特征在主观上进行弥补。例如，我们走进教室不是先感知桌椅，再感知黑板，而是从整体上同时感知它们。这种整体性使得我们能够对事物有一个全面的认识。

第四，知觉的恒常性是指当知觉的条件有所改变，而知觉仍保持相对不变的特性。例如，我们对过去认识的人不会因为他的服装改变而不认识他。知觉的恒常性是过去经验作用的结果，但是恒常性是相对的，如我们观看太阳落山，当太阳消失时，对这一事物的知觉也就停止了。

综上所述，感觉和知觉都是认知过程的感性阶段，它们都是对事物的直接反映。学生在理解教材的过程中，正是通过感知来开始的。在教学过程中，根据感知的基本特征来提高学生感知教材的效果是必要的，也是可能的。教师可以通过各种教学方法，如直观教学、案例分析等，来激发学生的感知，帮助他们更好地理解和掌握知识。同时，教师还可以引导学生进行观察、比较、推理等活动，培养他们的知觉能力，提高他们的学习效果。

2. 感知的规律

感知是人类认知过程中的重要环节，它是人们对外界信息进行加工和理解的过程。在感知过程中，存在一些规律性的现象，主要从以下方面探讨。

（1）感知的清晰度受感知目的的制约。明确的目的性能够提高感知的效果。例如，当儿童被要求饲养小动物时，如果教师明确指出这一活动是为了配合自然常识的学习，并且要求他们写日记，那么儿童在感知小动物时，就会更加清晰地认识到这一活动的意义，从而提高感知的深度和准确性。

（2）感知的对象越突出，越容易被感知。在众多信息中，如果某个对象特别突出。例如，在地图上我们要提到的城市，那么就应该使其醒目，做上标记等。此外，拉开被感知对象在时间、空间上的距离，也可以突出对象。例如，在记笔记时，重要标题留出空当，教师讲课时抑扬顿挫、课文分段等，这些都可以有效地提高感知的清晰度。

（3）多种感官协同活动可以提高感知效果。我们感知事物往往通过各种感觉器官的同时活动。因此，在教学中，教师应当充分利用多种感官，如视觉、听觉、触觉等，来引导学生进行感知，以提高他们的学习效果。此外，感知还受到其他因素的影响，如感知主体的经验、情绪等。教师在教学过程中，应当充分考虑这些因素，以提高教学效果。

3. 俄语专业学生的感知特点

在俄语专业学生的学习过程中，感知是一个至关重要的环节。感知不仅涉及对俄语语音、语法和词汇的直观认知，还涉及对这些语言要素在实际语境中的运用和理解。以下探讨俄语专业学生的感知特点。

（1）语音感知（包括语调）。俄语的语音系统对于中国学生来说具有一定的挑战性。首先，学生在发音时往往不习惯于张大嘴巴，双唇动作不够明显，这影响了元音的正确发音。其次，学生对于声带振动和舌中部抬高的发音要领掌握不足，常常将浊音发成清音，或将软音发成硬音。此外，学生在语调上的感知也有待提高。他们常常在升调时使用降调，或在句首词音调过高，导致整个句子的语调显得不自然。因此，教师在教授语音时，应当注重发音器官的正确运用，并通过对比汉语语调，帮助学生更好地感知和模仿俄语的语调。

（2）语法感知。在语法教学中，教师应当注意讲明语法课题的意义，并与汉语语法进行对比，以突出感知对象。同时，教师应最大限度地使用直观手段，如实物、模型、幻灯片等，来帮助学生理解和掌握语法规则。将语法课题置于交际情境中，可以使学生在实际语境中感知和运用语法知识。此外，教师还可以在大规则中增添小规则，以帮助学生更好地理解和记忆语法难点。

（3）词汇感知。俄语词汇的感知对于学生来说也是一项挑战。同义词辨析、词义理解等问题常常困扰着学生。为了提高词汇感知的效果，教师可以引导学生使用构词法来分析生词，通过词的本义、程度、语体、搭配范围等方面来深化对词义的理解。此外，教师还应鼓励学生利用原文词典来理解词义，以避免俄汉词典的局限性。

4. 俄语观察力特点与培养

观察力是一项具有目的性、计划性和主动性的知觉活动能力，它综合了多种感官，包括视觉、听觉、触觉、嗅觉等，以获取第一手材料并理解事物。此外，观察力不仅仅是简单的感知活动，还涉及注意力、知觉能力、记忆力和思维能力等多个因素，是一种有意识的高级形式，有助于人们深入理解和思考。

(1) 俄语观察力的特点

在俄语观察力的特点中，语言观察能力占据重要地位。相较于中学生，大学生由于抽象逻辑思维的参与和对事物的反复观察，其观察力更为强大，能够逐渐洞察事物的本质，并较少受情绪等因素的影响，表现出一定的敏锐性。然而，俄语专业学生由于俄语知识和语言经验的欠缺，其语言观察力与一般观察力相比存在明显差距。良好的观察力主要体现在对语言现象有强烈的求知欲，并能够发现他人容易忽视的细节。

在俄语实践课上，拥有良好语言观察力的学生能够发现其他同学未曾注意到的、引人深思的语言现象。观察类型方面，一些学生在阅读时表现出强大的视觉能力，而另一些在听力方面表现突出。观察的能动性方面，一些学生属于主动观察型，而另一些则是被动观察型。从观察的深度来看，一些是精细型观察者，注重细节；而另一些是粗略型观察者，更注重整体把握。

(2) 俄语观察力的培养

第一，语言搜索能力。语言搜索能力是语言学习中至关重要的一环。通过明确目的的寻找性练习，学生得以培养对语言的深入观察力。这种练习不仅包括对词的搭配和修辞特点的观察，还包括对多种多样的语法手段的理解。学生通过这种形式的练习，往往能够更好地专注，并从中体验到搜寻的乐趣，因此备受欢迎。这种搜寻的过程激发了他们的好奇心和成功感，促使他们更深入地投入到语言学习中去。

第二，语言猜测能力。语言猜测能力也是语言学习中不可或缺的一部分。过度依赖词典会影响学生的知觉速度，教师应该引导学生通过上下文、以往知识和经验来猜测语言现象的内涵。这样的方法有助于学生正确判断和精心观察事物，而不仅仅是被动地接受信息。

第三，语言对比能力。语言对比能力是感知语言现象的一种能力。

（二）记忆规律与记忆力的培养

记忆是人的一种基本的心理过程，没有记忆的人是不能正常生活的，人脑中对过去经验的保留和恢复的过程就是记忆。我们在前面谈到，人对客观事物的认识是从感知开始的，但是感知如果没有记忆参与就不能保留下来，记忆是巩固知识的唯一的心理因素，没有必要的巩固，学习则无法进行下去。

1. 记忆的规律

记忆是一个复杂的过程。记忆是脑的功能，从信息论的观点看，记忆就是信息的输入、加工、储存及提取和输出的过程。记忆过程包括识记和保持、再认识和回忆。

（1）识记的规律

识记是记忆的第一步，下列因素都会影响识记的效果。①识记目的越明确，识记效果越好。教师应当讲明记住学习材料的必要性、重要性。②识记要和活动相结合，识记在学生的积极活动中效果最好。心理学实验表明，有意识记忆的效果不如无意识记忆。③识记越重复，效果越好。故事性强、生动的学习材料有助于有效识记。④识记材料的性质和数量要符合学生的接受程度。⑤识记要求科学的记忆方法。

（2）保持与遗忘的规律

第一，保持。保持是人的过去经验在头脑中得到巩固的过程。信息论认为，保持是编码、储存的过程。记忆的保持不仅通过机械重复，而且需要对材料进一步加工。储存记忆和储存东西完全不同，记忆的保持在数量上会随着时间的推移不断减少，在质量上也会降低。这种变化有时也有积极意义，因为，我们无需也不可能记住所有的东西。

第二，遗忘。遗忘是指对于识记过的事物不能再认和回忆，或者错误地再认和回忆。遗忘和保持是相反的心理过程，遗忘可能是永久性的，也可能是暂时的，遗忘程度也有不同。

（3）再认和回忆的规律

再认和回忆是提取人的知识经验的过程，也就是提取信息的过程。再认就是过去经历的事物再度呈现时，仍旧能够再认识的过程。回忆是过去经历的事物不在面前，而能够把它重新反映出来的过程。回忆准确与否取决于知识是否被概括成体系，是否常使用，意志努力如何，是否能够利用各种线索引起联想。一般地讲，再认比回忆容易，所以凡是能够回忆起的事物均能再认出来，而能够再认的事物却不一定能回忆起来。

2. 俄语记忆力的培养

在大学生阶段，记忆力处于最佳发展时期，通常表现出强大的逻辑记忆能力。这一阶段的学生因为年龄优势，能够更有效地利用各种记忆方法来增强记忆力，特别是对于俄语专业学生而言。俄语的学习因其特殊的语言特点而对记忆力的发展具有积极影响。首先,俄语的读音与书写基本一致,这有助于学生更容易地将听觉信息转化为视觉形式进行记忆。其次,俄语的语法规则十分严格系统,这种结构性的清晰性为学生提供了更多的记忆锚点,使他们能够更轻松地理解和记忆语言结构。另外,俄语词汇的派生能力也是一大优势,相同的词根可以派生出多个词汇,这为学生记忆大量词汇提供了更为便利的方式。这些特点为俄语专业学生的记忆力培养提供了有利条件。在具体的记忆力培养过程中,可以采取以下方法。

(1) 将语言材料分段。分段记忆法是一种常用的记忆技巧,它将语言材料分成小块,并制定简洁明了的提纲,有助于简化学习过程,降低学习负担,提高信息的吸收和记忆效果。

(2) 按照交际课题组织记忆。按交际课题组织记忆是一种重要的策略,通过将学习材料与具体的主题相关联,可以帮助学生更好地理解和记忆与主题相关的内容,增加记忆的关联性,提高学习效率。

(3) 在言语情境中记忆。创造言语情境也是一种有效的记忆方法,通过创造与俄语相关的真实场景或情境,使学生在实际运用中进行语言记忆,从而增强记忆效果,促进语言学习的深入。

(4) 多种形式的复习与测试也是必不可少的,通过不同形式的练习如对话、口译等,可以巩固记忆,提高学生的语言应用能力。定期的测验也能够帮助减少遗忘,及时发现并弥补学习中的不足,保持记忆力的稳定发展。

(三) 思维规律与思维能力的培养

思维是学生掌握知识的重要心理过程,和感知一样,是人脑对客观事物的反映,但是思维反映的是事物的本质及内部规律,它是理性的。思维的概括性、间接性是思维的主要特征。人们通过思维概括事物的本质,还可以对不在眼前的、感知无法把握的事物进行推断,获得间接的、更为深入的认知。还应当指出的是,思维是通过语言实现的,两者关系密切。

1. 思维规律的内容

思维规律是心理学研究的重要领域,其内容丰富且复杂。从不同的角度出发,可以对思维规律有更深入的理解。

(1) 思维过程具有程序性。思维活动包括分析、综合、抽象、概括等环节。分析是将事物的整体分解为部分,综合则是将事物的各个部分联合起来。

抽象是分出事物的本质与非本质特征的过程，而概括则是在抽象的基础上进行的一种特殊形式的综合。这些环节相互关联，构成了思维的基本过程。

（2）思维活动有自身的形式，即概念、判断、推理。概念是事物的抽象概括，是一种非直觉的思维形式。判断是肯定或否定某种事物具有某种属性的思维形式。推理则是在已知判断的基础上推出新的判断，分为归纳推理和演绎推理。归纳推理是从特殊事例到一般原理的推理，而演绎推理则是从一般原理到特殊事例的推理。

（3）思维具有三种成分：直观动作思维、直观形象思维和抽象思维。直观动作思维是在动作中思考，直观形象思维是通过具体形象进行联想的思考，而抽象思维则是通过概念、判断、推理进行思考。这三种思维成分在不同情境下相互作用，共同完成思维活动。

此外，思维还表现出个别差异。学生思维的发展从低级逐步过渡到高级，不同年龄阶段的思维活动有不同的水平。思维的差异主要体现在敏捷性、灵活性、逻辑性、独创性和批判性五个方面。敏捷性指思维的迅速和正确，灵活性指应变性，逻辑性指条理性，独创性指新颖性，批判性指思维的反省性。这些差异反映了个体思维发展的多样性。

2. 俄语思维能力的培养

（1）俄语专业学生思维能力的特点

首先，他们在抽象逻辑思维方面具备优势。这意味着他们能够从抽象的概念中找到联系，并且能够以逻辑严谨的方式进行推理和分析。其次，他们的独创性和批判性得到了提高。这意味着他们有能力挑战现有的观点，提出新的想法，并对信息进行深入的评估和分析。

俄语专业学生的思维能力水平主要体现在对语言材料的把握、举一反三能力以及表达思想感情时的清晰思路、逻辑顺序和深度。他们能够准确理解语言的内涵，运用所学知识解决相关问题，并能够清晰、有条理地表达自己的思想和情感。俄语专业学生的思维能力培养具有特殊性，因为他们需要同时学习母语和外语。这要求他们在思维过程中频繁切换语言，这种同步性培养了他们的语言转换能力和跨文化交流能力。俄语思维能力的培养也是一个困难且漫长的过程，需要不断地练习和积累，因为语言是一种复杂的符号系统，需要时间和精力来掌握。

（2）学生基本思维品质的培养

第一，敏捷性在俄语交际和言语练习中至关重要。这要求学生思维迅速、准确，能够快速地进行听、说、读等训练。教师在这一过程中扮演着引导者的角色，通过各种教学方法和技巧，促进学生的快速反应能力，帮助他们在语言运用中变得更加灵活。

第二，灵活性是培养学生应对不同问题的能力。学生需要具备多种解决问题的方法，而教师的任务则是帮助学生摆脱言语限制，培养他们的应变能力。这意味着教师不仅要教授语言知识，更要引导学生灵活地运用这些知识解决实际问题。

第三，逻辑性在语言学习中是至关重要的一环。教师应该训练学生用演绎法和归纳法学习语言，要求他们在表达时有条理，能够清晰地组织思维，掌握概括能力。

第四，独创性是俄语学习中的又一重要方面。教师应该鼓励学生独立思考，提出问题和观点，促进他们的创新能力。通过激发学生的独创性，教师可以帮助他们更深入地理解语言，并将其灵活运用于实际交际中。

第五，批判性在言语练习和讨论中起着重要作用。学生应该展现自省态度，培养追求客观真理的精神。教师在引导学生进行讨论和交流时，应该注重培养他们的批判性思维，使他们能够理性分析问题，独立思考，并形成合理的观点。

（四）想象力与注意力的培养

1. 想象力的培养

（1）想象力。想象力在外语学习中的重要性无可否认。外语专业学生在学习过程中，其想象力扮演着至关重要的角色。首先，想象力有助于学生更好地理解复杂的语言材料。通过想象力，学生可以将抽象的语言概念转化为具体的形象，从而更深入地理解语言的含义和用法。其次，想象力有助于学生选择合适的词汇和句式。在写作或口语表达中，想象力可以帮助学生构思丰富、生动的语言表达，使其作品更加吸引人和有趣味性。

（2）俄语想象力的培养。俄语想象力的培养是俄语教育中的重要环节，想象力是语言创造力的重要体现，对于学生来说，俄语想象力的培养不仅能提高他们的语言表达能力，还能激发他们的学习兴趣，提高学习效果。

第一，设计发展想象力的练习是培养俄语想象力的重要方法。通过设计造句、续句、续情境、续故事等练习，可以激发学生的想象力，使他们能够在俄语环境中创造性地运用语言。角色表演和富有想象力的叙述也是培养学生俄语想象力的有效手段，可以鼓励学生发表自己的想法，提高他们的创造性思维能力。

第二，教师在教学过程中应给学生留有想象的余地。教师不应一讲到底，而应随时给学生留有提问、发表不同看法的时间，鼓励学生提出自己的观点，培养他们的创造性思维。

第三，想象力的培养应与语言正确性相结合。有些学生在俄语表达中，会将汉语的想象力带进俄语表达中，忽视俄语的语法规则和用词规则，造成表达混乱。因此，在培养学生的想象力时，教师应注重引导学生正确运用俄语语法和词汇，使他们的想象力能够在正确的语言环境中得到发挥。

此外，教师应鼓励学生阅读俄语文学作品，通过阅读丰富学生的想象力，使他们能够更好地理解和运用俄语；组织学生进行俄语讨论和辩论，培养他们在实际语境中运用俄语进行思考和表达的能力。

2. 注意力的培养

（1）注意力。注意力是人组织注意的能力。①注意范围扩大时，注意的对象会增多。②对专业的浓厚兴趣和爱好使学生沉浸于注意的对象，他们的注意是高度紧张的。③注意力的集中性。注意力的集中性和积极的思维活动有关，大学生的注意力符合这一特点。

（2）俄语注意力的培养。俄语注意力的培养是提高学生学习效果的关键因素。注意力是心理活动对一定对象的指向和集中，它是心理过程的动力特征之一。在俄语教学中，合理运用注意力培养策略，可以有效提高学生的学习效率。

第一，合理地运用无意注意是培养俄语注意力的重要方法。教师应通过教学突出重点，采用多样化且新颖的教学法，以及适当调配多种感官，使学生自然而然地投入俄语练习中去。这样可以激发学生的兴趣，使他们能够在轻松愉快的氛围中学习俄语。

第二，合理地运用有意注意也是培养俄语注意力的重要途径。教师应提高学生的学习自觉性，增强他们克服困难的意志力。通过引导学生明确学习目标，培养他们的自我监控能力，使他们在面对困难和挑战时能够保持注意力集中，坚持学习。

第三，合理地运用两种注意力的相互转换对于培养俄语注意力至关重要。在教学中，如果过多依靠有意注意，学生容易疲劳且注意力会分散；而过多依靠无意注意则不利于学生学习自觉性和意志力的发展。因此，教师应根据学习内容和情境，灵活运用两种注意力的转换。

在教授新的、有难度的俄语材料时，教师应调动学生的有意注意力进行认真思考和理解。而在进行有趣的言语练习时，学生可以转向无意注意，以提高学习兴趣和积极性。此外，在课即将结束时，学生注意力容易涣散，教师应巧妙地安排教学活动，通过组织有趣的、轻松的集体性练习，以集中学生的注意力，调动他们的有意注意。

二、俄语教学中学生基本言语交际能力的培养

俄语专业学生能够获得基本的言语交际能力，是俄语教学最终所要达到的目标。俄语交际能力指用俄语传递信息和交流思想感情的能力，包括理解能力和表达能力，即听、读（理解）、说、写（表达）四种能力和翻译能力，在日常交往中外语（俄语）交际能力特别指口头表达能力。

（一）基本言语交际能力培养的原则

1. 动机性原则

在俄语教学中，交际性原则的运用是提高学生语言运用能力的关键。而在运用交际性原则时，应当贯彻动机性原则，即激发和培养学生的交际需要和交际动机。具体而言，教师应注意培养学生的交际意识，因为交际意识对于学生的学习成败具有重要的影响。

交际意识是对交际重要性的认识，学习者是否善于用俄语开展交际活动，是否具有强烈的交际意识，往往是他们学习成果的最重要因素之一。有研究表明，优秀的语言学习者愿意在各种交际场合实践俄语，愿意将自己浸泡于俄语运用之中，即使他们的能力并未达到这个水平。然而，学生的交际积极性可能受到多种因素的影响。首先，学生可能认为交际能力的培养是未来工作中的事，因此在学习过程中缺乏足够的积极性；其次，如果教师没有提供有实际意义的契机，没有使学生有自然的交际需要，也会影响学生的交际积极性。此外，如果学生没有养成交际习惯，或存在心理障碍，如害怕出错等，也会对他们的交际积极性产生负面影响。因此，教师在俄语教学中，应当注

重培养学生的交际意识，激发他们的交际动机。教师可以通过提供丰富的交际情境，让学生在实际语境中运用俄语，从而增强他们的交际积极性。同时，教师还应关注学生的个体差异，帮助他们克服心理障碍，培养他们养成交际习惯。

2. 合作性原则

合作性原则在课堂言语交际活动中具有重要意义，它是确保活动顺利进行的关键因素。以下探讨合作性原则在俄语教学中的应用。

（1）教师应具备良好的交际能力，并重视学生交际能力的培养。教师作为课堂言语交际活动的组织者和引导者，其交际能力直接影响到活动的效果。教师应通过与学生互动，鼓励学生积极参与，培养他们的交际能力。教师还需关注学生的个体差异，因材施教，使每个学生都能在交际活动中得到锻炼和提高。

（2）教师要培养学生的集体感，使课堂活动中的每个成员，无论水平如何，都能相互支持、帮助，共同分享喜悦和忧愁。集体感是团队合作的基础，教师可以通过组织集体活动、小组讨论等形式，让学生在相互合作中增进彼此的了解，培养团队精神。这样，学生在课堂上就能形成一个良好的合作氛围，有利于提高交际活动的效果。

（3）教师应成为学生交际的伙伴，平等地对待每个学生。在课堂言语交际活动中，教师与学生应建立起一种平等、民主的关系，消除学生对教师的敬畏心理。教师要尊重学生的意见，鼓励他们表达自己的观点，同时也要给予适当的反馈和指导，帮助学生更好地进行交际。

3. 功能性原则

功能性原则在俄语教学中具有重要意义，它强调学生在学习过程中掌握具有实际意义的言语模式。学生学习俄语时，无需掌握全部语言手段，而是应确立一些言语模式，并训练学生熟练运用它们。在选择和使用教学材料时，教师应突出其交际主题，以帮助学生能够在常见的交际话题中进行言语活动。

交际话题包括学生生活、专业学习、社会文化生活、有关国家概况、国内外政治、经济形势等，这些话题是学生日常生活中经常会遇到的，也是他们在未来工作中可能需要用俄语进行交流的内容。通过训练学生在这些话题上的言语表达，可以提高他们的俄语交际能力。

4. 阶段性原则

获得交际能力是掌握一门语言的高级阶段。学生言语交际经验是一日一日、一点一滴积累的，不是一蹴而就之事。教师在组织交际练习时，必须由浅入深，循序渐进，练习如果超过了学生的能力，则会挫伤学生的积极性。交际活动一般分为模拟性的和真实性的两种。课上的交际活动主要是模拟性的，其特点是有准备的（学习语言材料）、有组织的（教师安排），情境、人物是假设的。交际活动应当根据不同的学习阶段来安排。①开始应安排以学习规则为主的交际练习，如用于为学习某一格而开展的对话等。②既学习规则，又学习交际的练习，也可以叫作准模拟交际练习，如用于初步巩固新材料的练习等。③注重交际内容的练习，如用于综合巩固所学材料的"座谈""辩论"等。

（二）基本言语交际能力培养的形式

在我国俄语教学中，由于缺乏真实语言环境，培养学生基本的言语交际能力成为一项重要任务。为了实现这一目标，必须创造人为的交际条件，并使这些交际情境尽可能地接近真实。在此背景下，"视听说"课型的教学模式通过现代化的视听技术手段，为学生的俄语交际能力培养提供了有效的支持。然而，口、笔语实践课仍然主要在传统的教室环境中进行，教师与学生之间的互动主要限于桌椅、黑板和讲台等基本设施。因此，探讨如何进行交际性练习，以及如何有效地培养学生的俄语交际能力，显得尤为重要。

第一，座谈性练习。座谈性练习包括讨论、争论和辩论。这种练习形式适用于各个年级，尽管不同年级的难度和深度会有所不同。在座谈性练习中，学生以大学生的身份就某个问题发表各自不同的看法。这种练习形式接近真实交际，能够帮助学生想象自己置身于俄罗斯，面临与俄罗斯人就一般生活问题、社会问题和文化问题进行交谈的情境。为了激发学生的发言欲望，教师需要选好题目，并创造一个鼓励讨论和表达的环境。

第二，角色表演练习。角色表演练习适用于各个年级，尽管在低年级的应用次数可能多于高年级。在角色练习中，学生扮演不同的角色以完成不同的交际任务。教师在组织角色练习时，应确保角色来源于课文或课文的扩展，使学生能够进入贴近生活的情境。角色练习可以包括角色间的问答或仿戏剧小品等形式。为了保证练习的公正性，教师应合理地分配角色，使每个学生都能获得平等的机会。合理地分配角色还有助于产生良好的心理效应,提高学生的学习积极性和自信心。

(三) 语法课贯彻交际性原则的培养特点

语法课在俄语教学中占据着重要的地位,它是学生掌握俄语基本规律和语言技巧的关键环节。传统的语法教学往往侧重于规则的讲解和练习,而忽视了交际的实际需求。为了更好地在语法课上贯彻交际性原则,具体从以下方面探讨:

第一,教学组织定式的改变是实现交际性原则的关键。传统的语法教学往往遵循"理解规则—举例说明—练习巩固"的步骤,这种模式过于强调语言的形式而忽视了交际的功能。为了贯彻交际性原则,教师应将语法教学转变为以交际思想为主线的过程,尽量使教学活动交际化。这要求教师在设计课堂活动时,应注重学生之间的互动,创造真实的交际情境,让学生在实践中学习和掌握语法知识。

第二,创造俄语语言环境对于语法课的交际性教学至关重要。在课堂上,师生应当尽可能多地使用俄语进行交流,使语法课成为学生学习交际技能的重要场所。汉语的使用应限于必要的时候,如解释概念、进行翻译等。这样,学生能够在真实的语言环境中练习俄语,提高他们的交际能力。

第三,按情境原则安排教材可以激发学生的自然交际需要和交际动机。教师应根据学生的实际生活经验和兴趣,设计富有情境性的语法练习,使学生在具体的交际情境中学习和运用语法知识。这样的教学方式有助于学生将语法知识与实际交际结合起来,提高他们的语言运用能力。

此外,充分利用语法课本身的机制也是贯彻交际性原则的重要途径。语法教材是一种高度抽象的规则体系,通过配有说明概念的例句,教授词形变化规则和用词造句规则。在教学过程中,教师应突出语法教材的系统性、完整性,并针对学生学习俄语语法的主要困难进行集中训练,从而提高学生的交际能力。

在实施语法课的交际性教学时,教师还需注意灵活性。由于教材中交际性练习有限,教师应根据学生的实际水平,适当调整教学内容,提前安排一些适合学生水平的语法课题。同时,教师应因时制宜,因材施教,根据学生的学习进度和能力,合理安排教学方法和交际性练习。

三、俄语教学中学生创造性思维能力的培养

创造性思维是在一般思维的基础上发展起来的,它不是人先天就有的,而是后天培养、训练的结果。外语教师培养学生创造思维能力旨在培养学生用外语进行创造性的思维,从而说出正确的、地道的外语。

(一)创造性思维的特点分析

创造性思维是一种高级的思维过程,它能产生新颖的、独特的思维成果,并且其成果具有社会意义,这种思维方式在教学实践中具有重要意义。因此,以下探讨创造性思维特点:

第一,创造性思维的新颖性。创造性思维的新颖性涉及打破常规,采用独特的方法来获得新的成果。在外语教学中,这种新颖性可以通过创新的教学方法来实现。例如,暗示教学法思想就是一种新颖的教学方法,它使用音乐辅助教学,使得学生的大脑两个半球都参与学习活动,从而取得特殊的效果。

第二,创造性思维是发散思维和聚合思维相结合。发散思维,也称为求异思维,是指提出不同的解决问题的方案。聚合思维,也称为求同思维,是指从众多的方案中选出一种最适合的方案。在教学过程中,教师可以设计出许多不同的方案来教授俄语变格,这就是发散思维的体现。最后,教师会采用一种适合教学条件的方法,这就是聚合思维的体现。这两者结合在思维过程中不是一次循环,而是多次循环。应当说,求异思维更重要,因为只有在求异中才能求同。

第三,创造性想象在创造性思维中起着积极的推动作用。任何发明创造都离不开想象。在俄语学习中,尤其是在缺少语言环境的条件下,用俄语来叙事、抒发思想感情,没有创造性想象是不可能的。创造性想象帮助学生超越现实,创造出新的语言表达和思维方式。

第四,灵感是创造性思维活动的典型特征之一。灵感是指人在全神贯注解决问题时突然产生的顿悟现象。例如,俄国伟大化学家门德列耶夫就是在睡梦中形成了元素周期表,并且事后只做了几处小小的改动。按照英国心理学家华拉斯的理论,创造性思维的过程分为四个阶段,即准备期(收集有关资料)、酝酿期(进行思考)、豁朗期(解决问题)、验证期(补充修正)。

（二）学生俄语创造性思维能力的培养

1. 培养学生质疑问难的学习态度

培养学生质疑问难的学习态度是教育过程中的一项重要任务。这种态度体现了求索精神，是推动学生获得知识和技能的强大动力。在教学实践中，我们常常发现有些学生缺乏积极主动提出问题的习惯，这种现象对他们的思维能力发展产生了不利影响。

为了培养学生的质疑问难学习态度，托兰斯曾向教师提出了五点建议。首先，教师应尊重学生提出的任何问题，无论这些问题看起来多么幼稚或荒唐。其次，教师应欣赏学生表现出的想象力和创造性观念。再次，教师应多给予学生夸奖，以鼓励他们积极提问。此外，教师应避免对学生所做的事情给予肯定的价值判断，以避免限制学生的思维。最后，当教师对学生的意见进行批评时，应解释理由，以便学生理解并接受批评。

在俄语教学中，我们应积极鼓励学生质疑问难。这意味着教师应引导学生从不同的角度和层面去思考和解决问题，避免让学生困守于单一的思维模式。教师可以采用多种教学方法，如讨论、辩论、问题解决等，以激发学生的好奇心和求知欲。同时，教师应为学生创造一个安全和支持的学习环境，使学生敢于提出问题并表达自己的观点。教师还应引导学生学会如何提出问题，这包括教会学生如何有效地表达自己的疑问，如何从问题中提炼关键信息，以及如何分析问题并寻找解决方案。通过这些方法，教师可以帮助学生发展批判性思维能力，培养他们独立思考和解决问题的能力。

2. 注重将课堂教学变成解决言语交际课题的教学

在俄语教学中，问题性原则是一种重要的教学理念，它通过提出问题和解决问题的方法，旨在培养学生的创造性思维能力。这一原则在近年来的教育领域中越来越受到重视，尤其是在物理、化学、历史等学科的教学中。然而，在外语教学中，问题性原则仍较为陌生。尽管如此，苏联著名学者米特洛方诺娃指出，没有任何一门教学科目与问题性原则相悖，也没有任何一门教学科目不能采用它。

问题性原则改变了传统教学的结构，学生不再是被动接收现成知识，而是在教师的指导下，通过自己的努力，按照解决问题的途径去学习知识。这种教学方式不是简单地复述课文或按照课文叙述的顺序回答问题，而是通过紧张的思维活动去解决问题。学生在发表对某一问题的看法时，会有说明、议论和评价，他们在论证自己的观点时，进行创造性思维，以说服对方，对对方的看法表示赞同或反对等。学生在认真思考中发展自己的认知能力。

问题性原则和交际性原则是外语教学的两个主导原则。如果不按照交际性原则组织教学，问题性原则也就无法贯彻。教学的交际性是在解决问题的过程中实现的。问题性原则就像发动机一样推动着教学全过程，使得学生在解决问题中科学地、独立地掌握语言。

在外语教学中运用问题性原则具有以下优势。首先，学生很快地成为教学的主体。学习的课题变成了学生自己的需要、自己内部的动机，从而提高了思维的积极性和掌握语言的积极性。交际任务是由教师确定的，学生一旦接受它们，就成了解决问题的主人，他们会想方设法攻下这一问题堡垒。其次，学生提高了获得知识的自觉性。学生在传统教学法指导下习惯于记忆、复述、复习，学生在问题教学法指导下学会探求问题的本质，投入解决问题之中。最后，由于富有成果的思维活动，学生的意志品质得到培养，激发对科学、对所学语言的浓厚兴趣，高级情感不断发展，智力情感得到升华。

四、俄语教学中学生学习风格的培养

传统教学注重教师的教，而易忽略学生的学，所以关于学习理论的研究落后于教学理论的研究，当今"会学习"的问题更加尖锐。

（一）学习风格及形成的因素

学习风格是学生在学习过程中所采用的具有个性化的方法和策略，它反映了学生在感知、记忆和思维等方面的认知特点。学习风格的存在具有多样性，不同年龄段的学生展现出不同的学习风格，即便是同一年龄段的学生，每个人的学习风格也是独一无二的。从心理学的角度来看，学习风格主要包括感知风格、记忆风格和思维风格等方面。

在学习过程中，有的学生倾向于关注细节而忽视整体，这种学习风格可能导致他们在理解复杂概念时出现困难。相反，那些能够同时关注整体和细节的学生通常能够更好地理解和运用所学知识。在记忆方面，视觉记忆和听觉记忆是两种常见的记忆风格，不同学生对此的偏好也会影响他们的学习效果。思维风格也是学习风格的一个重要方面，有的学生倾向于依赖母语进行思维，而另一些学生则能够更好地运用语言进行抽象思考。

学习风格的形成受到多种因素的影响，其中智力水平是一个重要的因素。智力水平较低的学生可能更倾向于依赖教师指导的学习风格，而智力水平较高的学生则可能更喜欢自主思考和表达观点的学习方式。学习风格的形成还与学生的气质类型有关，活跃型气质的学生可能学习反应快但不够踏实，而镇静型气质的学生则学习扎实、有毅力，但有时可能显得固执或懒散。

以往的学习体验也是影响学习风格形成的重要因素。学生过去的成功或失败经历会对其学习风格产生持久的影响。例如，如果一个学生通过某种学习方式获得了成功，他们可能会继续采用这种方式，使之成为自己的学习风格。相反，如果某种学习方式导致了失败，学生可能会放弃这种方式。

教师的教学风格对学生学习风格的形成具有直接影响。教师的教学方法和风格反映了其治学方法和认知风格，这些都会对学生产生潜移默化的影响。此外，父母的教养方式和学习风格也会对子女产生影响，他们在家庭中的学习风格会影响子女在学校中的学习风格。

（二）俄语学习风格的具体培养

在俄语教学中，培养学生的学习风格①是一个重要且复杂的过程。因此，为了促进学生良好学习风格的形成，教师应当引导学生掌握科学、有效的学习方法，并将这些方法融入学生的日常学习中。

第一，条件化的学习风格是学生应当培养的重要学习风格之一。这种学习风格要求学生能够将所学的语言知识与具体的交际场合结合起来，从而在不同的情境中灵活运用所学的语言知识。为了培养条件化的学习风格，学生需要掌握语言现象的搭配范围和修辞特点，了解不同语体的特点和适用场合。

第二，结构化的学习风格是学生应当掌握的学习风格之一。这种学习风格要求学生将所学的知识纳入科学的系统中，形成有序的知识网络。通过结构化的学习风格，学生可以更好地组织和存储知识，提高记忆和提取的效率。

第三，熟练化的学习风格是学生在学习俄语时应当追求的学习风格。这种学习风格要求学生的基础知识达到自动化的水平，从而在交际中能够迅速、准确地运用所学的语言知识。为了达到熟练化的学习风格，学生需要通过大量的练习和运用，将语言知识内化为自己的能力。

---

① 学习风格是指学生在学习俄语时所采用的个性化的方法和策略，它影响着学生的学习效果和语言能力的提升。

第四，执着实践的学习风格是外语学习的独特风格。这种学习风格要求学生不仅仅满足于课堂学习，而且要积极地利用一切机会去实践俄语，通过实际的交际活动来提高自己的语言能力。为了培养执着实践的学习风格，学生需要积极参与课外的俄语交流活动，不怕出错，勇于实践。

在具体的学习过程中，具有良好学习风格的学生会在课上积极参与交际活动，利用一切机会练习俄语，对不懂的问题及时提问，并能够主动纠正自己的错误。在课下，他们会注意朗读和分析语言现象，将所学知识归入系统，并时刻准备用俄语来表达自己的想法。在课外交往中，他们会尽量使用俄语进行交流，不怕出错，用心去使用学过的词语和句式。

第六章　基于现代教育技术的俄语教学实践

第一节　基于信息化的俄语线上教学

一、加强俄语教学网络资源建设

俄语在线课程的建设也需要紧跟时代趋势，充分利用现代信息技术迅速建立俄语特色在线教学资源库。这种课程应当具备多种功能模块，以提升师生互动和学习效果。课程应包含学科内容模块，涵盖俄语语法、词汇、阅读、写作等方面的内容，以满足学生的学习需求。语音视频模块可以通过视听学习方式，帮助学生更好地理解俄语的发音和语调，提高其语言交流能力。作业提交与批改模块可以促进学生的学习参与度，及时反馈学生的学习情况，帮助其及时纠正错误，提高学习效率。交流与反馈模块可以为学生提供在线交流平台，促进师生之间的互动与沟通。而测验与统计模块则可以帮助教师对学生的学习情况进行全面的评估和分析，为教学提供科学依据。此外，课程还应根据学生个性化需求，提供学习支持与服务，如个性化学习计划、一对一辅导等，以满足不同学生的学习需求。

二、做好教师线上教学工作

在线俄语教学在当今时代需要不断创新教学手段，以适应不断变化的教育需求和技术发展。为了提高教学效果，教师应该积极与学生互动，鼓励他们使用摄像头和麦克风积极参与课堂活动，以便实现更加生动的教学氛围，并能够提供实时反馈。通过加强师生互动，教师可以更好地了解学生的学习情况，及时发现问题并加以解决。

为了丰富教学内容，教师还应该在教学过程中融入俄罗斯文化和国情。通过介绍俄罗斯的历史、文化、风俗习惯等，可以增强学生对俄罗斯语言的兴趣，激发他们学习的热情。利用网络资源，教师可以轻松获取丰富多样的教学素材，从而使教学内容更加生动有趣。教师还可以通过类比和迁移的方式，帮助学生将所学知识与其他领域相结合，拓宽他们的知识面，提高他们的学习效果。

要实现高效的线上教学，网络教学平台的选择至关重要。目前市面上普及的教学平台虽然支持语音视频交互，但却难以完全满足语音类课程的需求。因此，教师需要深度挖掘和整合多个平台的功能，以提供更加全面的教学服务。例如，可以利用企业微信等平台结合辅助工具，实现实时互动、阶段测试、数据统计等功能，从而提高教学效果。通过充分利用各种教学资源和工具，教师可以更好地满足学生的学习需求，提高教学效率。

在线教学的成功与否在很大程度上取决于教师的专业能力。因此，提升教师的专业能力成为至关重要的任务。这需要进行系统化的顶层设计，围绕课程内容展开，优化教学路径，形成整体力量。教师在这一过程中应该开拓创新思维，摸索线上教学模拟和超越传统方式，以应对特殊时期的线上授课挑战。师资队伍的建设是关键。定期开展多样化线上教研活动是必不可少的，这有助于吸收先进教学理念和手段，探索提高教学水平的方法。此外，丰富教学研讨与交流会内容也是必要的，涉及课纲修订、教材选用、学科竞赛等方面。这种多方面的教研活动有助于教师们不断提升自身的教学水平，从而更好地应对线上教学的需求。

三、帮助学生适应线上学习

俄语线上教学的核心在于贯彻"学生主体，教师引导"的自主学习理念。教师需要精心策划教学流程，深入研究在线教学技巧，通过线上平台有效引导学生自主学习。而学生的积极配合和师生互动则是保障线上教学有效开展的必要要求。然而，多数学生缺乏自控力和自主学习能力，因此学生的专注力易受外部环境影响。这时，教师的作用就很重要了。

第一，教师在线教学中扮演着至关重要的角色，他们需要以多种方式协助学生制定明确的学习任务和目标，这对于学生的学习动力和方向感至关重要。教师可以通过与学生沟通、了解其学习需求和目标，以及根据课程要求和学习水平，还要制定有效的学习规划，以帮助学生合理安排学习时间和资源，提高学习效率并监督学生的执行情况。教师需要协助学生制定明确的学习任务和目标，这对于学生的学习动力和方向感至关重要。教师可以通过与学生沟通、了解其学习需求和目标，以及根据课程要求和学习水平，制定合适的学习任务和目标。这些任务和目标应当具有挑战性和可操作性，能够激发学生的学习兴趣和积极性，同时又不至于过于困难，使学生感到沮丧。他们必须不断完善教学大纲，以确保教学内容的连贯性和系统性，并增加网络教学辅助材料，优化线上课程设计，以提升俄语教学的专业性和实用性。在课程开课前，教师应当发布学习的重难点和任务，提前传输学习资源，并通过后台管理系统监督学生的学习情况，及时调整教学方法和策略。

第二，为增加线上课堂的趣味性，教师可以采取一系列措施。他们可以组织学生分组进行情境对话，实施翻转课堂的教学模式，让学生自主选择话题进行交际。同时，教师可以根据学生的兴趣整理网络资料，发布相应的学习资源，以实现教育资源的均衡分配。

第三，教师应该让学生成为课堂的主体，这对于促进学生的主动学习和参与至关重要。教师可以采用问题链教学法、互动式教学法、激励性教学法等多种手段，设计趣味游戏，以增强学生的参与度。通过鼓励性评价，教师可以培养学生的自信心，并利用网络教学工具实现学生自评和互评模式，从而提升学生对课堂的专注力，确保线上教学的实效性。

四、完善线上教学评价体系

信息化手段在俄语线上教学中发挥着重要作用。首先，通过充分利用在线教学平台功能，教师能够提高过程性考核比重，使学生在学习过程中得到更及时、有效的反馈，从而提高学习效率。其次，线上教学打破了传统的时空限制，使学生可以更灵活地安排学习时间，并且可以在任何地点接受教育。最后，线上教学丰富了师生互动形式，通过文字、音频、视频等多种方式，促进了师生之间更为直接、立体的交流，有效地消除了传统教学中存在的监督盲区。

然而，教师在面对线上教学挑战时也需要应对。他们需要加强俄语课程网络资源的建设，深入研究俄语特色在线教学方法，并且做好线上教学应激工作，即时解决可能出现的技术问题，保证教学的顺利进行。同时，教师应以学生为主体，以教师为引导，充分发挥线上教学的优势，助力学生自主学习，培养其独立思考和解决问题的能力。只有如此，信息技术才能更好地服务俄语在线教学，为培养应用型俄语人才做出更大的贡献。

第二节　多媒体在俄语教学中的实践

一、多媒体在俄语教学中的实践意义

在俄语教学中，多媒体的应用已经逐渐崭露头角，成为提升教学质量的关键手段之一。为了进一步优化俄语教学环境，改进教学方法，教师们应当充分利用多媒体工具，发挥其在教学中的积极作用，从而提升教学质量，满足学生的学习需求。

第一，多媒体技术作为一种教学手段，能够调动学习者多方感知器官，这一点与俄语教学的结合对提高学生学习能力具有显著帮助，并符合认知心理的基本原理。首先，多媒体技术通过视觉、听觉等感知途径，以生动形象的方式呈现教学内容，使学生在接受知识的同时激发了他们的兴趣和注意力，从而提高了信息的吸收和记忆效果。其次，多媒体教学为学生提供了丰富的学习资源和互动环境，使其能够在探索中学习，培养了学生的自主学习能力和解决问题的能力。

第二，多媒体教学作为俄语教学改革的重要手段之一，也对实现应用型外语人才的培养目标起到了积极的作用，并且强调了师生间的互动。在多媒体教学的支持下，学生可以更灵活地掌握俄语语言的基本知识和技能，并且能够更好地应用到实际生活和工作中去。

第三，多媒体技术作为课堂教学的重要补充，能够使教师更灵活地融入最新的学术成果，并以形象、立体的方式呈现给学生，从而丰富并更新课堂教学内容。教师可以根据学生的实际需求和学习进度，灵活运用多媒体技术，选择合适的教学资源和教学方法，从而更好地激发学生的学习兴趣和积极性，提高他们的学习效果和成绩。

二、多媒体在俄语教学中的实践策略

在推动俄语教学中，充分利用多媒体技术的有效性取决于以下五个关键因素。

第一，学校需要投入足够的资金来构建多媒体教学环境，以满足俄语教学的需求。这包括购买必要的硬件设备，如电脑、投影仪、音响系统等，以及软件资源，如教学软件、多媒体编辑工具等。

第二，教学课件的选择和修改至关重要。教师需要选择适用的教学课件，并根据学生的实际需求进行适当修改，以确保内容易于理解且保持更新。这意味着教师需要不断地对课件进行评估和更新，以反映最新的教学理念和教学内容。教师还需要根据学生的学习水平和兴趣特点，对课件进行个性化的调整，以提高学习效果。

第三，教师的培训也是至关重要的一环。学校应该为教师提供多媒体技术应用培训，使他们能够掌握制作和操作技术，从而提高教学效果。培训内容可以包括多媒体软件的基本操作、课件制作的技巧和教学实践中的应用方法等。

第四，为了激发师生的主动性，教师需要合理制订教学计划，确保学生的参与度。他们应该掌握好课件与板书的关系，提供充足的记录时间，以便学生能够跟上课堂内容。除了课件和板书，教师还可以通过课堂讨论、小组活动等方式来促进学生的参与和互动，从而增强他们的学习体验和效果。

第五，在设计多媒体课件时，内容应该是主要关注点。课件应该突出内容的重点，避免过于花哨的式样，以确保学习焦点不被分散。课件的设计应该注重清晰、简洁和易于理解，以帮助学生更好地掌握知识。教师可以通过合理的结构和布局、生动的图片和动画、清晰的语言和解释等方式来设计课件，从而使学生能够更加轻松地理解和吸收知识。

综上所述，只有合理应用多媒体技术，认识到其优势和不足，并采取相应措施解决问题，才能充分发挥其在俄语教学中的效用。这需要学校、教师和学生的共同努力，以确保多媒体技术能够成为俄语教学的有效工具，促进学生的学习和发展。

第三节　基于微格与微课的俄语教学

一、基于微格的俄语教学

（一）俄语微格教学的设计原则

微格教学是一种教学方法，其核心在于将日常复杂的课堂教学进行分解和简化，从而建立科学的训练环境和方法，为培训教学技能提供大量及时反馈信息。因此，俄语微格教学的设计原则包括以下方面：

第一，目标控制原则。目标控制原则是微格教学设计的核心理念之一，其关键在于紧密围绕教学目标展开，确保教学活动和评价与目标一致。微格教学旨在同时实现课堂教学和技能训练目标，因此在设计教学方案时，需要优先考虑实现课堂教学目标，并将教学技能训练作为达成目标的手段。教学技能的训练必须服务于教学目标，否则将失去意义。这意味着教学设计师应当清晰地确定教学目标，并确保所有的教学活动和评价都与这些目标一致。

第二，系统设计原则。系统设计原则将微格教学构建为一个复杂的、微观的教学子系统，其中包括教师、学生、课程以及教学条件等核心要素。还涵盖了教学目标、内容、方法、媒体、组织形式、学习结果和评价等各种相互联系的要素。在微格教学的系统设计中，必须充分考虑这些要素之间的相互作用，以确保教学能够有效实施和评估。这意味着教学设计者需要在设计阶段就考虑到整个系统的各个要素，如何协调它们，使其相互支持，相互促进，以实现教学目标。在实践中，这可能需要综合考虑课程内容、教学方法、教学媒体的选择，以及教学活动的组织形式等方面的因素，以确保微格教学的有效性和可持续性。

第三，优选决策原则。优选决策原则要求在特定情境下选择最有效的教学策略和方法。教师需要根据教学目标、学生的学习特点以及教学资源等因素，灵活运用教学理论，以提高教学效果。例如，在面对不同的学习群体时，教师可以根据学生的年龄、学习水平和兴趣爱好，采用不同的教学策略和方法，以确保教学内容能够最大程度地被学生理解和吸收。通过优选决策原则，微格教学能够有效地提升教学效果，满足学生的学习需求。

第四，反馈评价原则。反馈评价原则突出了反馈在教学过程中的重要性。微格教学利用现代科技手段，如录播技术和在线平台，提供双向交流系统，使受培训者能够观看授课记录，并获取广泛深入的评价反馈信息。通过及时的反馈，教师和学生可以更好地了解教学过程中存在的问题，并及时进行调整和改进，从而提高教学效果和提升教学技能。比如，学生可以通过观看自己的学习录像，发现自己在学习过程中存在的不足之处，进而调整学习策略，提高学习效率。同时，教师也可以通过观察学生的学习情况和听取学生的反馈意见，调整教学内容和方法，更好地满足学生的学习需求。

（二）俄语微格教学的教案编写

教案编写在俄语微格教学中扮演着至关重要的角色，它不仅是课堂教学组织的具体方案，更是教学计划的重要保证。

1. 俄语微格教学的教案内容

按一般微格课堂教学的要求，俄语微格教学课教案设计应包括以下内容。

（1）教学目标。教学目标是俄语微格教学课教案的首项内容，指导教师必须对教学目标的制定予以指导。钻研教学目标能帮助年轻教师理解教学大纲，帮助他们深钻教材，引导他们正确地使用教学技能。

（2）教师的教学行为。教师需要在教案中详细规划自己的教学行为，这包括但不限于板书、演示、讲授、提问等活动。通过在教案中设定这些活动，教师能够提前思考教学过程中的各个环节，从而确保教学进程的顺利进行。例如，在编写教案时，教师可以提前准备好板书内容，精心设计演示材料，明确讲授重点，并策划好提问环节，以引导学生思考和参与互动。特别对于年轻教师而言，他们需要提前警示并有效应对课堂的变化。现代教学媒体的广泛应用为教学带来了更多可能性，但教师在使用这些媒体时必须提前策划，以免影响教学进程。

（3）学生的行为。学生的行为是教师备课中预想的学生行为。预想学生的行为也是备课中不可忽视的一环。教师应该考虑到学生可能的观察、回忆、回答、操作、活动等行为，以确保课堂活动的紧密衔接，避免拖堂影响授课任务的完成。通过对学生行为的预想，教师可以提前设想学生可能的反应，并相应调整教学策略。此外，通过考虑学生的活动行为，教师还可以更好地安排课堂活动，提高学生的参与度和学习效果。

（4）教师应掌握的技能要素。教师的教学技能设计应具体、明确，在教案中需要清晰地列出主要培训的技能要素。例如，提问技能的培训需要明确提问类型的使用和构成要素，以便指导教师审查教案、改进提问方式，从而保证教学质量。这意味着教师需要对所教授的技能有深入的理解，并能够将其具体化、操作化，以便学生能够有效地掌握。

（5）需要准备的视听教材。在教案中，还需要注明将使用的视听教材以及板书内容，以便教师进行课前准备和课中使用，确保教学流畅进行。

（6）时间分配。微格教学要求严格控制教学过程的每一个环节，教师应明确时间分配，避免拖堂现象发生，确保教学效率。

2. 俄语微格教学的教案设计

根据微格教学课的特点，俄语微格教学课教案设计应该注意以下方面。

（1）在制定明确的教学目标方面，教育者应采用可观察和可操作的行为目标，通常基于布卢姆教育目标分类或我国学科教学目标的五级水平。这种方法将教学目标分为知识、领会、运用、分析、综合、评价六个层次，或了解、理解、掌握、运用、评价五个级别。通过明确定义的目标，教育者能够更有效地指导学生的学习，确保他们在特定层次或水平上取得预期的学习成果。

（2）教学行为与学习行为的有机结合对于有效的教学至关重要。特别是在俄语教学中，教师应该在教学过程中紧密结合教学行为和学习行为。他们不仅应该注重教学技能的练习，还要关注这些技能在实际教学中的应用效果。这确保了教学的目标与学习者的需求和实际情境相契合，从而提高了教学效果。

（3）在明确掌握技能方面，教师需要清晰地确定所需掌握的技能，并明确指出在何种教学阶段使用何种技能。这有助于避免模糊不清的情况，并确保培训效果最大化。通过这种方式，教育者可以更好地指导学生的学习过程，帮助他们在俄语学习中取得更大的进步，并在实际应用中展现所学的技能。

（三）俄语微格教学的评价体系

1. 俄语微格教学评价的作用

微格教学评价作为关注课堂教学技能和技巧的重要组成部分，旨在考察学员对教学技能的掌握程度，其作用体现在以下方面。

（1）微格教学评价提供了及时、直观的反馈机制。微格教学利用现代化设备记录全面的现场资料，评价者可以通过观看录像获得直观的反馈。这种反馈不仅来自评课者和学生，还包括教师自身对教学行为的认知。从心理学角度而言，这种及时直观的反馈是一种强刺激，有助于改进教学行为，使教学过程更加精准有效。此外，微格教学评价构建了受控制的实践系统。它使师生双方能够在受控制的条件下获取反馈信息，从而有助于进行教学实践。通过微格教学评价的机制，教师可以在确定的评估框架内进行教学活动，确保教学过程沿着正确、有目标的方向进行。这种系统化的评价机制有助于提高教学效果和学习成果，因为它确保了教学过程的质量和方向性，使教学活动更具有针对性和效率性。

（2）俄语微格教学评价有助于教学理论与实践良好融合。从信息论的观点来看，学员观看示范录像是对复杂的教学过程的一种形象化解释。学员从各种风格的教学示范中得到的是大量有声有像的信息，而这种信息是最易被接受的，因为视觉神经的信息接受能力要比听觉神经的信息接受能力大得多。在微格教学的理论学习阶段，学员已经从理论上学习、分析了各项课堂教学技能的作用、方法和要领；在角色扮演阶段又亲自运用了某项教学技能进行微格课的实践；在微格教学的评价过程中，通过讨论评议，将各项教学技能的理论和实践科学地结合起来，从观察、模仿到综合分析，形成了完整的课堂教学艺术。

（3）俄语微格教学评价有助于师生间的互动交流。微格教学通常采用定性或定量的评价方式。定性评价根据反馈信息，结合课堂教学技能的理论，由小组成员提出各种个人的观点和建议。微格教学的组织形式已使全组师生成了研究教学技能的知己，每位成员都可以直率地提出意见，互相取长补短。微格教学的评价也为执教者本人提供了充分的发言权。这与传统的评课是不同的，这种评价既不是简单地打分，也不是单看教学实践成绩的高低，而是在整个评价过程中发挥集体的智慧，这对提高课堂教学质量起了重要作用。

（4）俄语微格教学评价有助于促进现代俄语教学的发展。随着时代的发展、科技的进步，在教育改革不断深化的过程中，新教材、新思想、新观点、新方法会不断引入课堂教学中，教师会面临传统的教学观念与现代化课堂教学观点的矛盾。微格教学融进了国内外许多现代教学理论观点、技能方法。经过微格教学的理论研究、课堂教学技能分析示范、微格备课、实习记录等环节，学员对这些新的理论观点、技能方法已有了一定的认识。微格教学评价过程，充分运用了来自各方面的反馈信息，这种全新的评议方法能激发学员学习。在微格教学中应用新理论、新方法，钻研新教材，运用新的课堂教学技能，从而使每位受培训者的职业技能和素质在原有的基础上有所提高，有所发展，并使之适应教育改革的新形势，加快实现现代化课堂教学的进程。

2. 俄语微格教学评价的实施

（1）分等评价法。导师准备好小组角色扮演的录像资料和各项技能的评价记录表。在播放某一段微格教学的录像资料前可以先请执教者向小组全体成员介绍自己设计这一教学片段的意图，包括教学的目标、技能、方法等，然后导师和全组成员一起观看录像。小组观摩完毕，开始讨论评议。执教者本人可以做观看后的自我评议，评述自己原来设想的教学目标哪些达到了，哪些没有达到。

小组评议可以根据每一项课堂教学技能的评价量表来对照分析讨论。导师要启发和鼓励每位学员积极参加小组评议，让学员懂得课堂教学技能的评价能力的提高对于提高课堂教学质量是很有帮助的。通过讨论，大家一起定性地评述运用某项教学技能的情况，肯定优点，提出改进意见。

在定性评价的同时，可以采用定量评价的方式。在观摩微格教学片段时，每位小组成员都是评价员。学员可以利用事先设计好的各种微格教学技能评价记录量表，在每一评价项目旁边的对应等级处画上做出相应评价的记号。然后利用教学评价统计软件，将每份评价单的测量值逐一输入计算机，经过计算机运算处理后可以打出一定的分数值。这种分等评价法用了定性和定量结合的方式，比较客观。最后，由导师根据小组评议情况和定量结果进行小结，书写评语。

在采用分等评价法时，应注意以下方面：一是每位学员在微格教学实习前要了解每项技能的要点；二是每位学员在观摩微格教学片段前要阅读有关技能的指标体系中的各项评价内容；三是在观摩评价过程中，对微格教学片段中没有涉及的项目以评中间等级为宜；四是不必将各个项目的等级相加，因为它们没有相加性；五是必须强调的是微格教学的评价目的不是看最后得分多少，而是看学员在整个微格教学实施过程中对运用课堂教学技能的理解和掌握程度。

（2）评价数据的统计。任何有效的评价都必须依靠最佳的技术和手段。测量采用的技术是多方面的，有定性的、定量的、相对的、绝对的。评价的方法有观察法、问卷法、考试法等。在微格教学中主要运用数理统计的方法，对一些主要评价因素进行客观的测量，同时又能运用计算机加以处理，做出定量的判断。当然，这种方法还要与对教学的观察、讨论和评议相结合，对微格教学做出全面评价。

二、基于微课的俄语教学

（一）微课在俄语教学中的应用要求

1. 对院校的要求

为了支持微课教学的实施，学校应该采取一系列举措来配备相关设施和优化校园网络。首先，学校需要配置多媒体教室和设备，以确保教师有足够的资源来制作和展示微课视频。这包括投影仪、电脑、录音设备等，以满足教学需求。其次，学校需要优化校园网络覆盖，以确保学生在各处都能方便地下载和播放微课视频。这需要投资于网络设施，并采取措施确保网络的稳定性和速度，以满足学生的需求。除了硬件设施的配备和网络的优化，学院还应该建立微课共享平台，以促进微课资源的整合和共享。这样的平台可以鼓励教师进行微课的开发和应用，并促进教学经验的交流。教师可以在平台上分享自己的微课视频，并从其他教师的经验中获得启发和借鉴，从而不断改进自己的教学内容和方法。特别是对于俄语教学，学校应该支持俄语教师积极参与微课应用的探讨，并建立俄语教学资源库。这个资源库可以收集整理优质的俄语微课视频，并提供给教师使用。

2. 对教师的要求

教师在使用微课进行教学时，需要具备制作微课视频的技能。他们需要学习如何使用视频制作软件，以及如何设计有效的微课内容。

（1）在教育领域，微课教学已经成为一种备受瞩目的教学模式，它通过短小精悍的视频形式，将教学内容进行分解和精细化，有助于提高学生的学习效率和兴趣。然而，在实际教学中，完全取代传统教学可能会带来一些挑战。因此，教师需要探索将微课教学与传统教学相结合的方法，以取长补短，提高教学效果。

（2）教师应提升现代信息技术应用水平，精心制作微课视频。现代教育技术的发展使得教学资源日益丰富多样，教师应当善于利用这些工具，制作高质量的微课视频。这要求教师不仅要熟练掌握 PPT 动画设计和录屏软件的使用，还需要具备一定的视频剪辑和编辑技能，以确保制作出生动有趣、内容丰富的教学视频。例如，在俄语教学中，可以通过添加字幕、配音等方式增强视频的语言刺激效果，使学生更加专注和投入。

（3）对于俄语教学，教师应特别注重微课视频的语言刺激效果。俄语是一门语音重要的语言，正确的发音对于学习者尤为关键。因此，在制作微课视频时，教师应当精选示范例句，并进行清晰的朗读，引导学生模仿并纠正发音错误。此外，教师还可以设计一些语音练习和口语对话环节，通过视频展示真实语境，激发学生的学习兴趣和参与度，进一步提高教学效果。

（4）教师还应鼓励学生积极参与微课教学过程，促进课前预习、课堂教学和课后复习辅导的有机结合。通过将微课视频作为课前预习的一部分，可以让学生提前了解课程内容，为课堂教学做好准备；在课堂上，教师可以根据学生的反馈和表现进行针对性的讲解和指导；在课后，学生可以通过重新观看微课视频进行复习，巩固和强化所学知识。通过这种方式，教师可以确保教学环节相辅相成，最大限度地提高教学效果。

3. 对学生的要求

学生的积极参与被认为是微课教学成功的关键。学生更倾向于将微课视频用于课前预习和课后复习，这需要他们养成良好的自主学习习惯。在课前预习阶段，学生应有目的地观看视频，明确学到的知识和疑惑，进行自我思考。这种有目的性的观看有助于引导学生主动思考，使他们更加专注于视频内容，并提前了解课程内容，为课堂学习打下基础。在课后复习阶段，学生要运用微课视频查漏补缺，多次观看重难点，达到强化巩固的效果。通过反复观看视频，学生可以加深对知识点的理解，并及时发现自己的不足之处，从而更好地提高学习效果。在课堂教学环节，学生应积极参与，尽快理解视频内容，提高学习效率。积极参与课堂讨论和活动有助于加深对知识点的理解，培养学生的合作意识和解决问题的能力。俄语实践课需要学生多说多练，将理论运用到实践中，通过微课视频进行预习和复习能帮助实现学以致用的目标。通过微课视频的预习和复习，学生可以提前了解实践课的内容和要求，并在实践中更加游刃有余。学生养成良好的自主学习习惯，积极利用微课视频进行自我学习，是微课教学成功的关键。这种积极的学习态度和行为能够有效提高学生的学习效果，使微课教学取得更好的效果。

（二）微课在俄语教学中的具体实施

1. 微课在俄语教学中的实施流程

（1）课前准备

第一，教师活动。

一是教学目标的分析。在俄语教学中，明确定义教学目标是确保教学有效性的基石。只有有了清晰的目标，教师才能有针对性地选择适当的教学方法。这包括确定何时采用探究式学习，何时进行直接讲授。通过对教学目标的深入分析，教师能够精准地判断何时利用视频直播教学，何时引导学生进行合作探究，从而避免微课教学中的盲目性和无目的性。

二是教学视频的制作。在微课教学中，视频制作是知识传递的主要方式。教师可以录制自己的教学视频，也可以利用其他教师或网络资源的视频。视频制作作为微课教学的核心环节，为学生提供了直观、生动的学习内容。这些视频有助于激发学生的学习兴趣，促进他们对知识的消化和理解。通过视觉、听觉等多种感官的刺激，视频能够使学生更好地理解和吸收教学内容，为他们打开了全新的学习方式。

第二，学生活动。

一是观看教学视频。首先，教师通过分析教学内容，将适合直接讲授的部分制作成教学视频，使学生能够在课堂之外进行自主学习，从而避免了课堂时间的浪费。学生可以根据自身学习进度自主掌控学习步调，通过观看视频进行快速学习，并在不懂处做笔记，为课堂提问做准备。这种自主学习的方式提供了更多的灵活性，有助于学生根据个人需求和学习速度进行学习，从而提高学习效率。其次，学生在观看教学视频后梳理、总结所学知识，明确收获和疑惑。这种反思和总结的过程有助于学生更深入地理解所学内容，巩固知识，并且能够及时发现和解决学习中的疑惑。

二是做适量练习。学生需完成教师布置的针对性课堂练习，巩固学习内容，发现问题。通过练习，学生能够将理论知识应用到实际问题中，加深对知识的理解和掌握。同时，教师根据"最近发展区理论"合理设计练习，帮助学生利用旧知识完成向新知识的过渡。这种有针对性的练习设计能够促进学生对知识的深入理解和应用，提高学习效果。通过网络平台进行师生互动，了解学生的学习情况，实时反馈学生的实际掌握情况。教师可以及时发现学生的学习困难和问题,并提供针对性的指导和帮助,从而更好地促进学生的学习。同时,学生间也可以通过互相交流,解答疑难,促进共同进步。

(2)课中教学活动设计

第一,确定问题,交流解疑。在学生观看教学视频时,他们的知识结构和问题看待角度的差异会导致认知上的不平衡,进而推动新的认知结构的形成。这种认知差异需要通过交流解疑来加以解决。教师在这一过程中扮演着重要的角色,他们需要针对学生在观看视频和网络平台反馈的问题进行解答。学生也可以通过提出问题与教师、同学共同探讨,实现互动交流,从而提升对知识的理解。这种互动交流不仅有助于消除认知上的不平衡,还能够激发学生的思维,促进知识的深度理解和内化。

第二,独立探索,完成作业。独立学习能力对于学生的发展至关重要。独立学习不仅仅是指学生能够在没有外界干扰的情况下独立完成学习任务,更是指他们具备了自主学习的能力和习惯。在面对新的知识和问题时,学生应该能够独立思考、分析和解决,而不是依赖于外界的指导和帮助。然而,培养学生的独立学习能力并非一蹴而就的过程,而是需要学生和教师共同努力的结果。教师应该为学生提供合适的学习资源和学习方法,引导他们积极主动地探索和学习;学生则需要保持好奇心和求知欲,勇于尝试和实践,不断提升自己的学习能力和水平。

第三,合作交流,深度内化。合作交流在学生学习中的作用是至关重要的,因为它促进了知识的深度内化。学生在进行独立探索学习后,通过与同伴的交流合作,能够更好地巩固所学知识。社交是学生与他人直接互动的过程,这种互动有助于促进学生的发展和理解。微课教学模式中的合作学习为这种交流提供了平台。在这种模式下,学生被分成小组进行独立探索学习,然后通过与同伴交流分享自己对知识的理解。教师应积极参与小组讨论,引导学生澄清错误认知,从而提升学生的批判性思维和参与能力。

这种学习模式也导致了学生和教师角色的转变。学生逐渐成为学习的主体,在合作学习中提高了学习的自主性和主动性。他们不再被动地接受知识,而是积极参与到知识的构建和理解中来。教师的角色也发生了转变,不再是传授知识的单一来源,而是成为学生学习的引导者和促进者。他们注重引导学生自主学习,培养学生的学习能力和良好的学习态度。在教育实践中,合作学习得到了广泛的应用。许多学校已经采用合作学习、小组学习等形式,这种趋势在当前教育界备受关注。这种教学方法不仅有助于提高学生的学习效果，还培养了学生的团队合作能力和沟通能力，使他们更好地适应未来社会的发展需求。

第四，成果展示，分享交流。在学生进行独立探索和合作交流后，展示和分享成果成为必然的环节。这一阶段可以采用多种形式，如报告会、展示会、辩论赛或比赛等。每种形式都能够为学生提供一个展示自己学习成果的平台，从而激发他们的学习兴趣和主动性。在这个过程中，学生不仅有机会展示自己的学习成果，还能够观摩他人的表现，从中学习到各种不同的经验和方法。这种互动式的展示与分享，不仅能够促进学生之间的交流与合作，还能够培养学生的批判性思维和解决问题的能力。除了展示和分享成果本身，点评环节也是非常重要的一部分。通过点评，教师可以对学生的表现进行评价和指导，帮助他们深入了解自己的不足之处，并提供相应的改进建议。另外，成果展示和分享的过程也是促进学生乐观态度和自信心培养的有效途径。当学生站在台上，展示自己的成果时，他们会感受到一种成就感和自豪感，这有助于增强他们对学习的积极性和动力。教师在学生展示和分享成果的过程中扮演着重要的角色。他们不仅需要在成果展示前进行充分的指导和准备工作，还需要在展示过程中进行及时的指导和引导，确保学生能够充分发挥自己的潜力和才华。此外，教师还需要创设民主、平等、和谐、自由的课堂环境，为学生展示和分享成果提供一个良好的舞台。只有在这样的环境中，学生才能够真正展现自己的才华，充分发挥自己的潜能。

2. 微课在俄语教学中的关键环节

（1）微课程开发。在俄语教学中应用微课，课程传授的知识单位不再以课为单位，而是以微课为单位，一个微课解决一个问题。课程分为以传授知识为主的视频教程、知识巩固强化的针对性练习和用于课堂知识内化的学习活动等，微课程的优劣直接影响着微课教学效果。结合校情、班级情况和学科特点开发出具有问题针对性的微课程十分关键，是影响课堂成败的一个重要因素。

（2）课前深入学习。首先，将教师课堂知识讲授环节前置至课前，赋予了学生自主学习的机会，这有助于确保他们能够以自己的节奏和方式来完成知识学习。这一革新模式的关键点包括微视频知识讲解和习题强化，它们为学生提供了深入学习所需的关键素材。通过这种方式，学生能够更好地理解并掌握课程内容，从而促进其学习效果的提高。其次，课前深入学习为课堂学习活动的高效组织打下了坚实的基础。在课堂学习中，学生不仅仅是被动地接受知识，而是全身心地参与其中，通过各种方式与同学和教师进行交流和讨论。这种积极参与的学习方式有助于学生深化对知识的认识，发展他们的批判性思维能力和解决问题的能力。

（3）课堂学习活动组织。课堂学习活动的组织对于帮助学生完成知识内化、深化认识至关重要。在课堂学习中，学生全身心、高效、全面地参与，通过自主探究或与同学、教师交流讨论来进一步弥补认识上的不足，完成对知识的迁移与应用，查漏补缺，深化认知。因此，课堂学习活动的高效组织对俄语教学效果至关重要。离开了有效的组织，即使课前学习再深入、微课程再高效，也难以取得良好的效果。

第四节　基于新技术的俄语教学实践

一、基于云计算技术的俄语教学

基于云计算技术的俄语教学可以极大地丰富教学内容、提高教学效率和学习体验，主要体现在以下方面：

第一，在线课堂平台。利用在线课堂平台，如 Zoom、Microsoft Teams 等，进行俄语教学。通过视频会议功能，教师可以与学生实时互动，进行口语练习、听力训练和讲解俄语语法等。

第二，虚拟教室。创建虚拟俄语教室，模拟真实的语言环境。学生可以在虚拟环境中与其他学生或教师进行对话练习，提高他们的口语交流能力。

第三，在线教学资源。利用云存储服务，如 Google Drive、Dropbox 等，分享俄语学习资料，包括课件、练习题、录音和视频资源等。学生可以随时随地访问这些资源，并进行学习和复习。

第四，语言学习应用。推荐学生使用俄语学习应用程序，如 Duolingo、Memrise 等。这些应用程序通过云计算技术提供个性化的学习体验，包括单词记忆、语音练习和语法讲解等功能。

第五，在线测验和考试。利用在线测验和考试平台，如 Moodle、Quizlet 等，进行俄语考核。教师可以根据学生的学习进度和需求，定期组织在线测验，评估他们的语言水平和掌握程度。

第六，语言交流社区。创建在线俄语学习社区，鼓励学生之间的交流和合作。学生可以在社区中分享学习经验、提问问题，并相互帮助解决困难。

第七，远程辅导和指导。利用远程辅导工具，如 Skype、WhatsApp 等，为学生提供个性化的俄语学习辅导和指导。教师可以根据学生的学习需求，提供针对性的帮助和建议。

二、基于大数据技术的俄语教学

基于大数据技术的俄语教学实践可以为学生提供更个性化、高效的学习体验，主要体现在以下方面：

第一，学习分析。利用大数据技术对学生的学习行为和表现进行分析，包括学习速度、理解程度、常犯错误等，从而为教师提供更深入的了解，并根据学生的需求调整教学策略。

第二，个性化学习路径。根据学生的学习数据，为每个学生制订个性化的学习路径和计划。通过分析学生的弱点和兴趣，提供针对性的学习内容和练习，使学习更加高效。

第三，自适应学习系统。构建自适应学习系统，根据学生的学习表现动态调整难度和内容。这样的系统可以根据学生的实际水平提供适当的挑战，同时避免让学生感到无聊或挫败。

第四，数据驱动的反馈。通过大数据分析，为学生提供及时、具体的反馈。教师可以根据学生的学习数据给予个性化的建议和指导，帮助他们更好地理解和掌握俄语。

第五，多媒体资源的优化。利用大数据技术对教学资源进行优化和个性化推荐。根据学生的学习历史和偏好，推荐适合他们的教材、视频、音频等多媒体资源，丰富学习内容，提升学习效果。

第六，学习社区和协作。建立在线学习社区，让学生之间可以分享学习经验、互相帮助。通过大数据分析学生在学习社区中的互动行为，可以更好地了解学生的学习需求，促进学生之间的合作和交流。

第七，跟踪和评估。利用大数据技术跟踪学生的学习进展，并进行定期的评估和反馈。这样可以及时发现学生的问题和进步，调整教学计划，保持教学的有效性和适应性。

三、基于物联网技术的俄语教学

基于物联网技术的俄语教学实践可以采用各种创新的方法和工具，以提高学生的学习效果和兴趣。以下是一些可能的实践方法：

第一，智能化语言学习应用程序。开发或利用已有的智能手机应用程序，通过物联网技术实现语音识别、语音合成和个性化学习计划等功能，帮助学生进行俄语听力、口语、阅读和写作练习。

第二，智能语音助手。结合物联网技术，利用智能语音助手（如Amazon Alexa、Google Assistant等）提供俄语学习指导、练习和答疑服务。学生可以通过语音与助手进行交互，提高语言的实际应用能力。

第三，虚拟现实和增强现实技术。利用虚拟现实和增强现实技术开发俄语学习的沉浸式体验，如创建虚拟俄语语境的场景，让学生在其中进行语言学习和实践。

第四，智能化语言学习设备。开发或使用智能化的语言学习设备，如智能耳机、智能笔记本等，通过物联网技术实现与俄语学习相关的功能，如语音翻译、实时语音评估等。

第五，智能化语言学习环境。利用物联网技术构建智能化的语言学习环境，如在教室或学习空间中安装智能音响和传感器，实现语音识别、语音合成和智能化反馈，提供个性化的学习支持。

第六，在线协作平台和社交媒体。利用物联网技术构建在线协作平台和社交媒体，为学生提供俄语学习资源、交流机会和合作学习环境，增强学生的学习动力和社交互动。

第五节　现代教育技术与俄语教学

现代教育技术是借助各种新兴的网络技术，结合相关教育理论，综合各项优质教育资源，提高资源的利用率，来全面提高教育质量的一种科学教育方式。"在传统的俄语教学模式中，听觉是学生学习俄语知识的主要渠道。但现代教育技术提供了丰富生动的学习环境，除了听觉，学生还可以通过文字、图像、视频、场景等资源进行学习，丰富的资源提供了优越的学习环境，有利于学生知识的快速掌握,提高知识的实用性,还能够拓宽学生的知识面"[1]。在俄语教学中应用现代教育技术可以从以下方面着手。

一、借助现代教育技术丰富俄语教学资源

俄语教学在大学生综合能力培养中扮演着举足轻重的角色。除了传授语法、词汇、历史和文化等基础知识外,更需要注重学生的听、说、读、写、译等语言综合运用能力。然而,现实中的教学受到教材、课程设置等因素制约,现代教育技术成为改善教学质量的一个不错选择。

现代教育技术丰富了俄语教学的内容,并扩充了俄文教学资源。通过互联网,学生可以获得更多教材之外的知识与资料,从而满足他们的学习需求。推荐俄语学习网站、俄语交流网站等,使学生能够随时随地获取丰富多样的学习资料,提高了学习的便捷性和效率。

利用现代教育技术,教师可以在网络平台上找到更多的俄语语言素材,如音频、视频等。这样的做法不仅让学生在娱乐中获取俄语知识,满足时代需求,也弥补了教材滞后性的不足,为学生提供了更多选择,从而更好地满足了他们的学习需求。通过结合娱乐性和教育性,学生能够更加愿意参与学习,并在轻松愉快的氛围中提高自己的俄语水平。

除了提供丰富的学习资料外,现代教育技术还能为俄语教学带来更多创新的教学方法和工具。例如,利用在线语音识别技术,学生可以进行口语练习,并即时获得反馈,帮助他们改进发音和语调。此外,利用虚拟现实技术,学生可以身临其境地体验俄罗斯文化,加深对俄语学习的兴趣和理解。

二、利用现代教育技术营造俄语学习氛围

为了提升俄语听说课堂的效果,教师可以采取一系列措施。首先,利用语音室播放经过筛选的纯正俄语听力材料。通过这种方式,学生能够在轻松愉悦的氛围中享受学习过程,从而激发他们的学习热情,创造积极的学习氛围。其次,学生可以借助磁性存储工具保存俄语资料,如移动硬盘、U盘等,以便随时随地进行学习。这种方式提高了学习的便捷性和效率,使学生能够更加灵活地安排学习时间和空间。再次,教师还可以使用多媒体软件播放听

---

[1] 白凌霄. 浅析现代教育技术在大学俄语教学中的应用 [J]. 才智,2017(26):196.

力材料。通过在电脑上安装网络听力资源的软件，结合文字、图像、声音等元素，可以增加听力材料的形象生动性，从而激发学生的学习兴趣，使他们更加专注于课堂内容。这种多媒体的呈现方式不仅可以提升课堂教学的互动性和趣味性，也有助于学生更好地理解和掌握俄语知识。最后，为了营造多感官体验的学习氛围，教师可以利用现代教育技术，让学生通过听觉、视觉等多种感官体验俄语学习。通过这种方式，学生不仅能够在课堂上更加身临其境地感受到俄语语言的美妙之处，还能够提高对俄语知识的掌握和理解。同时，丰富的课堂教学内容和和谐的学习氛围也将有助于增强学生的学习动力，提高他们的学习效果。

三、运用现代教育技术优化俄语教学方式

为提高现代教育技术操作技能，教师应不断提升自身对现代教育技术的熟练程度，以便在俄语实际教学中灵活运用，从而改善教学氛围。其中，制作多媒体课件是一项重要的手段。通过制作多媒体课件，教师可以将图像、动画、文字等元素结合，以更生动、形象化的方式展示俄语知识，从而提升学生的观察能力，激发学习兴趣。现代教育技术还提供了个别辅导环境，这种环境能够有效提高班级整体俄语水平。教师可以根据学生的不同层次，为他们提供必要的材料与条件，促进他们掌握俄语学习方法，从而达到个性化的教学目标。然而，在优化俄语教学的过程中，必须注意教学方式的革新与学生主体性的充分发挥。现代教育技术固然改善了俄语教学现状，但教学过程中应强调以学生为主体，加强互动与交流，让学生在学习过程中充分发挥主体作用，提高学习积极性与主动性，从而实现俄语教学的有效性。

第七章 多元维度下的俄语教学实践

第一节 语言学维度的俄语教学

在语言学维度上进行俄语教学是一个多方面的过程，其中包括语音学、语法学、词汇学、语用学和语言文化等方面。这些维度的深入探究不仅可以帮助学生掌握俄语的基本知识和技能，还可以加深他们对俄语及其使用背后的文化和社会背景的理解。

一、俄语教学中的语音学

语音学在俄语教学中起着至关重要的作用。语音学的学习旨在帮助学生准确地发音，并掌握俄语中的音节重音规则。这项任务并不容易，因为俄语拥有独特而复杂的音系，对于非母语者而言，正确的发音是一个挑战。教师需要着重指导学生正确地发音，这包括俄语中的元音和辅音的发音规则。例如，学生可能需要学习如何发音的俄语元音，因为有些元音在俄语中并没有直接对应的音标。通过对发音点、发音方法和声调的解释，学生可以逐步掌握正确的发音技巧。为了帮助学生巩固发音技能，教师可以利用音频材料和口语练习。音频材料可以包括录音或语音片段，展示各种俄语单词和短语的正确发音。通过反复聆听和模仿，学生可以更好地理解和掌握俄语的发音规则。此外，口语练习也是提高发音技能的有效方法。通过模拟对话、朗读文本和进行口语训练，学生可以逐渐提高他们的发音准确性和流利度。

在教授俄语语音学时，特别需要注重一些重要的规则和现象，如浊化、清音化和辅音音变。这些规则影响着俄语中辅音的发音方式和变化规律。例如，在某些情况下，辅音会发生浊化现象，使得其发音变得浊音化；而在其他情况下，辅音可能会发生清音化，使得其发音变得清晰。辅音集音变规则也是俄语语音学中一个重要的现象,是指词组中的某些辅音会发生音变现象,以使得发音更加流畅和自然。

二、俄语教学中的语法学

在俄语教学中,语法学是一个至关重要的方面,它涉及语言的结构、句型和语法规则,包括名词、动词、形容词和副词等各个方面的变化。语法学的学习不仅帮助学生掌握俄语的基本语法知识,还可以提高他们的语言运用能力和沟通效果。首先,教师需要强调语言的基本结构,如名词、动词、形容词和副词等的基本概念和功能。学生需要了解这些词类在句子中的作用,以及它们之间的关系。通过对俄语语法规则的介绍和解释,学生可以逐步理解俄语的句子结构,并学会正确地构造句子。在教学中,教师还应注重动词的时态、语气和语态变化。俄语动词的变化非常丰富,包括过去时、现在时、未来时等各种时态,以及陈述句、疑问句、祈使句等不同语气的变化。动词还可以根据不同的语态进行变化,如主动语态和被动语态。教师可以通过例句和练习来帮助学生掌握这些动词的变化规则,并在实际语境中进行练习和应用。

除了教授具体的语法规则外,教师还应教授语法现象的背后逻辑和规律。这包括语法现象之间的关联和逻辑,以及句子结构和语法规则之间的内在联系。通过了解这些逻辑和规律,学生可以更深入地理解俄语的句法结构,并能够更加灵活地运用所学的语法知识。在教学中,教师可以采用多种教学方法和教学资源来帮助学生学习语法。例如,可以通过课堂讲解、例句解析和语法练习来介绍和强化语法知识;通过对话练习、写作任务和口语演练来提高学生的语言运用能力;通过阅读材料和听力材料来帮助学生巩固所学的语法知识,并将其运用到实际语境中。教师还可以利用多媒体资源和互动学习平台来提供丰富的教学资源和学习体验,以增强学生的学习兴趣和参与度。

三、俄语教学中的词汇学

词汇是语言的基础,学生在掌握丰富的词汇量后,才能更好地理解和表达自己的思想和情感。因此,在俄语教学中,教师需要致力于培养学生丰富的词汇量,涵盖日常生活、工作、学习和文化等各个方面的词汇。首先,教师可以通过词汇表、词汇练习和词汇游戏等方式来帮助学生扩展词汇量。这些词汇材料可以涵盖各个语言使用场景，并包括与学生日常生活和学习息息相关的词汇。例如，教师可以设计词汇练习，让学生学习家庭、学校、工作、旅行等不同场景下的词汇，以帮助他们扩展词汇量。其次，教师还应强调词汇的拼写、词义、词根和词族的关系。通过学习词汇的拼写规则和词根，学生可以更好地理解词汇的构成和含义。例如，通过学习词根和词族的关系，学生可以轻松地理解和记忆一系列相关词汇。最后，教师还可以介绍常见词汇的搭配和用法，帮助学生学会正确地运用词汇，避免在表达中出现不当用词的情况。

在俄语教学中，词汇学的教学应该贯穿于整个教学过程中。除了课堂教学外，教师还可以通过阅读材料、听力材料和多媒体资源来帮助学生扩展词汇量。例如，教师可以使用俄语小说、报纸、杂志、电影和音乐等真实语言材料，让学生接触到丰富的俄语词汇，并通过阅读和听力练习来巩固学习成果。此外，教师还可以引导学生使用词汇学习工具，如词汇卡片、词汇记忆软件和在线词汇资源等，帮助他们更加有效地学习和记忆词汇。通过综合运用这些教学方法和资源，学生可以逐步扩展自己的词汇量，并提高他们的语言表达能力和沟通能力。

四、俄语教学中的语用学

"语用学是语言学的一个分支，它研究的重点是不同的语言交际环境下如何理解语言和运用语言"[①]，语用学涉及语言在特定语境中的使用规则和习惯，以及人们在交际过程中如何运用语言来达到特定的交际目的。因此，教授语用学不仅可以帮助学生掌握俄语的语言技能，还可以提高他们在不同交际场景下的语言运用能力。首先，语用学教学包括教授俄语中的礼貌用语、交际策略和语境适应能力。在俄语中，有许多与礼貌相关的表达方式，例如在请求、邀请、道歉和感谢等情境中，学生需要学会使用适当的礼貌用语来表达自己的意思。教师还可以教授学生一些常用的交际策略，如如何引起对话、如何回应他人的提问、如何提出建议等，以帮助他们更好地与俄语使用者进行交流。其次，语用学教学强调在不同交际场景下的语言表达规范和习惯。不同的交际场景可能对语言使用有不同的要求，如在商务场合、社交场合和

---

① 杨春燕. 语用学理论在大学俄语教学中的应用[J]. 海外英语（中旬刊），2010（10）：59.

学术场合等。在商务场合,学生需要学会使用正式的、得体的语言表达方式,以展现自己的专业素养和礼貌态度;而在社交场合,学生可以更加随意地运用语言,但仍需要注意言辞的得体和礼貌。在学术场合,学生需要使用更加正式和严谨的语言表达方式,以确保自己的言论清晰、准确。

教授语用学不仅涉及语言的表达方式,还包括语言背后的文化和社会因素。因此,在语用学教学中,教师可以引导学生了解俄语国家的文化背景、习俗和社会礼仪,以帮助他们更好地理解语言使用背后的文化内涵。例如,学生需要了解在俄语国家,人们在不同情境下的交际习惯和惯例,以及对于礼貌和尊重的重视程度。在实际的教学中,教师可以通过讲解、示范、角色扮演和实践活动等多种方式来教授语用学知识。教师还可以利用听力材料和阅读材料来展示不同交际场景下的语言使用情况,让学生从中学习和领悟语言使用的规范和技巧。通过综合运用这些教学方法和资源,学生可以逐步提高他们的语用学能力,从而更加流利、自信地运用俄语进行交际,并且在不同的交际场景中表现得体。这将有助于他们更好地融入俄语社区,理解和尊重当地的语言和文化习惯,提高他们的语言交际能力和文化素养。

第二节 句法维度的俄语教学

句法维度的俄语教学是一项综合性、系统性的任务,旨在让学生全面理解和熟练掌握俄语句子结构、语法规则以及句子成分的用法。

第一,基本句子结构。在俄语教学的初期阶段,重点是向学生介绍俄语句子的基本结构。这包括主语、谓语、宾语以及其他可能存在的成分。通过简单而清晰的示范和解释,学生可以逐步理解句子中各个成分的作用和排列顺序。教师可以运用丰富的教学资源,如图表、实物或者动画,来帮助学生形象地理解句子结构。

第二,语法规则。在学生掌握了基本句子结构后,教师可以逐步引导他们学习俄语的语法规则。这包括名词、动词、形容词、副词等各种词类的变化规律,以及它们在句子中的不同用法。例如,名词的性、数和格的变化规则,动词的时态、语态和语气等。通过系统的讲解和实例演练,学生可以逐渐掌握这些规则,并能够在实际运用中正确地应用它们。

第三，句子成分的用法。教师要引导学生深入学习不同句子成分的用法。这包括主谓一致、名词和形容词的性、数和格的匹配等问题。通过大量的练习和例句分析，学生可以更加灵活地运用这些句子成分，并且理解它们在句子中的逻辑关系。

第四，句式和句型。在学生掌握了基本的句子结构和语法规则后，教师可以引导他们学习不同类型的句式和句型。这包括陈述句、疑问句、否定句以及各种从句等。通过对不同句型的分析和模仿练习，学生可以丰富自己的语言表达能力，并能够更加流畅地表达自己的思想和观点。

第五，语境和实践。俄语教学过程中，应该注重将句法知识应用到真实的语境中。通过听力、口语、阅读和写作等多种方式，让学生在不同的语言环境中运用所学的句法知识。这有助于加深学生对俄语句法的理解和掌握，并能够提高他们的语言应用能力。

第六，反复练习和巩固。为了确保学生能够牢固掌握句法知识，教师需要提供大量的练习材料和活动。这些练习可以包括填空练习、句子构造练习、语法错误改正等。通过反复练习和巩固，学生可以逐渐提高他们的语言水平，并能够更加自信地运用所学的句法知识。

在俄语教学过程中，教师可以采用交互式的教学方法，引导学生积极参与，并根据学生的实际情况进行个性化的指导和辅导。同时，利用多媒体资源和互联网工具也能够丰富俄语教学内容，增加学生学习的趣味性和效果。通过系统而有趣的教学方法，学生将能够在句法维度上不断提升自己的俄语水平，为将来的语言应用奠定坚实的基础。

第三节 语义维度的俄语教学

语义维度的俄语教学通常着重于教授学生词汇和短语的语义含义，以及如何在交流中准确表达思想和情感，具体可以从以下方面着手。

一、注重情感词汇与语境理解

教授学生情感词汇是俄语教学中的一个重要环节。首先，了解情感词汇的种类和用法。情感词汇通常包括形容词和副词，它们用于描述人们的情绪状态、情感倾向以及对事物的评价。通过教授这些词汇，学生可以更准确地表达自己的情感，从而使他们的交流更加生动且具有感染力。除了形容词和副词，情感词汇还涵盖了许多与情感相关的短语和表达方式。这些短语和表达方式常常是俄语中的惯用语，它们包含了丰富的情感内涵，可以使语言更具表现力。通过教授这些短语和表达方式，学生不仅可以更丰富地表达自己的情感，还可以更好地理解俄语文化和思维方式。其次，在俄语教学过程中，教师可以采用多种方法来教授情感词汇。例如，可以通过丰富多彩的图片、视频或故事来呈现情感场景，引导学生从中学习情感词汇。同时，教师还可以结合角色扮演、小组讨论等活动，让学生在实际情境中运用所学的情感词汇，从而加深他们的理解和记忆。除了教授情感词汇本身，教师还需要注重培养学生的情感表达能力。通过练习写作、演讲或辩论等活动，可以帮助学生提高他们的情感表达能力，使他们能够更自如地运用所学的情感词汇进行交流。

语境理解不仅有助于学生掌握俄语词汇的实际应用，还能够培养他们的语言感知能力和交流技巧。因此，教师在教学过程中应该采取一系列策略来促进学生对语境的理解。首先，通过阅读各种类型的文本，学生可以接触到丰富的语境信息。教师可以选择适合学生水平的阅读材料，引导他们通过阅读来理解词汇的用法和含义。这些文本可以包括文章、小说、新闻报道等，涵盖不同主题和风格，以满足学生的多样化需求。其次，听力也是培养语境理解能力的重要途径之一。通过听力练习，学生可以接触到真实的语言使用情境，从而更好地理解词汇的语义含义。教师可以选择与学生水平相适应的听力材料，如录音、视频等，让学生通过听取语言输入来感知词汇的实际运用情况。除了阅读和听力，实际对话也是提升语境理解能力的有效手段。教师可以组织学生进行各种交际活动，如角色扮演、小组讨论等，让学生在真实的交流情境中感知词汇的含义。通过与同学或教师的互动，学生可以积累丰富的语言经验，提高他们对语境的敏感度和理解能力。

二、利用词汇网络与游戏活动

在俄语教学中，利用词汇网络或词义图来展示词汇之间的关联和义项是一种有效的教学方法。词汇网络可以帮助学生更好地理解词汇的语义关系，从而提高他们的词汇学习效果。首先，词汇网络可以展示词汇之间的同义词、反义词以及词汇之间的关联。通过将相关的词汇连接起来，学生可以清晰地看到这些词汇之间的联系，帮助他们建立起词汇网络的认知结构。例如，教师可以将同义词用同一颜色标记，将反义词用不同颜色标记，让学生通过视觉图示来理解词汇之间的语义关系。其次，词汇网络还可以展示词汇的多义性和义项。俄语中许多词汇具有多种义项，而且这些义项之间常常存在着一定的联系。通过将词汇的不同义项在词汇网络中呈现出来，学生可以更清楚地理解词汇的丰富含义，从而提高他们的词汇应用能力。例如，教师可以将一个词汇的不同义项用不同的图标或标签标示出来，让学生通过比较和对照来理解这些义项之间的差异和联系。除了教学中的使用，词汇网络还可以作为学生词汇学习的辅助工具。学生可以利用词汇网络来整理和总结所学的词汇，构建自己的词汇知识网络，从而更系统地掌握词汇的语义关系。通过不断扩展和完善词汇网络，学生可以逐渐提高他们的词汇量和语言运用能力。

在俄语教学中，使用游戏和互动活动可以帮助学生更轻松、更愉快地学习语言，尤其是在理解词汇和短语的语义含义方面。这些游戏和活动不仅能够激发学生的学习兴趣，还能够加深他们对词汇和短语含义的理解。首先，猜词游戏是一种常见的俄语教学活动。在这种游戏中，教师可以选择一个词汇或短语，然后向学生提供一些提示，让他们猜测这个词汇或短语的含义。学生可以通过联想、推理和团队合作来猜测词汇的意思，从而巩固他们对词汇的理解。其次，情境模拟活动也是俄语教学中常用的一种方法。在这种活动中，教师可以创建一个真实的情境，让学生在其中扮演不同的角色，并使用课堂上学到的词汇和短语进行交流。通过模拟真实情境，学生可以更深入地理解词汇和短语的语义含义，并将其应用到实际交流中。除了猜词游戏和情境模拟，还有许多其他类型的游戏和活动可以用于加强学生对词汇和短语含义的理解。例如，教师可以组织词汇接龙游戏，让学生根据词汇的语义关联来接龙，从而拓展他们的词汇量。此外，教师还可以设计词汇配对游戏，让学生通过将词汇与其含义进行配对来加强记忆和理解。

三、对比反义词和近义词的用法

在俄语教学中，对比反义词和近义词可以帮助学生更深入地理解词汇的语义维度。反义词和近义词在语言中扮演着重要的角色，它们之间的差异和联系不仅有助于学生扩展词汇量，还能够提高他们的语言表达能力。首先，对比反义词的用法可以帮助学生更清晰地理解词汇的含义。反义词是指含义完全相反的词语，通过对比这些反义词的用法，学生可以更好地理解词汇的语义范围和用法。例如，教师可以选择一组反义词，如大和小、高和矮等，然后向学生提供一些句子，让他们分析这些反义词在不同语境下的应用，从而加深他们对这些词汇的理解。其次，对比近义词的用法也是俄语教学中的重要内容之一。近义词是指意思相近但用法略有不同的词语，通过对比这些近义词的用法，学生可以更准确地理解词汇的语义维度。例如，教师可以选择一组近义词，如高兴和快乐、聪明和智慧等，然后向学生提供一些句子，让他们分析这些近义词在不同语境下的用法和语义差异，从而提高他们的词汇运用能力。除了俄语课堂教学，教师还可以设计一些练习和活动，帮助学生巩固对反义词和近义词的理解。例如，教师可以组织学生进行对比练习，让他们分析和比较一些反义词和近义词的用法，然后通过讨论和分享来加深他们的理解。教师还可以设计一些游戏和趣味活动，让学生在轻松愉快的氛围中学习词汇，提高他们的学习积极性和参与度。

四、进行语义角色的扮演与分析

在俄语教学中，进行语义角色扮演可以帮助学生更好地理解词汇和短语的语义含义，并提高他们的语言应用能力。语义角色扮演活动不仅可以让学生在实际情境中运用所学的俄语，还能够激发他们的学习兴趣和参与度。首先，语义角色扮演活动可以帮助学生更深入地理解词汇的语义含义。通过扮演不同的角色，学生可以在实际情境中体验和运用所学的词汇和短语，从而更直观地理解它们的含义和用法。例如，教师可以设计一个情境，让学生扮演其中的角色，并进行对话交流。在这个过程中，学生需要根据情境来选择合适的词汇和短语，从而加深他们对语义的理解。其次，语义角色扮演活动还可以提高学生的语言应用能力。在角色扮演过程中，学生需要积极参与对话交流，表达自己的想法和观点。通过与同学或教师的互动，学生可以不断地练习和运用所学的俄语，提高他们的口语表达能力和语言流畅度。最后，语义角色扮演活动还可以培养学生的团队合作能力和沟通能力，使他们能够更好地适应真实的交流环境。除了提高语言应用能力，语义角色扮演活动还能够激发学生的学习兴趣和参与度。通过参与角色扮演，学生可以在轻松愉快的氛围中学习俄语，增强他们的学习动力和积极性。语义角色扮演活动还可以增强学生对俄语文化和社会情境的了解，使他们的语言学习更加丰富和有趣。

通过对文本中词汇的语义用法进行分析以及对作者的意图和态度进行解读，可以帮助学生更深入地理解俄语的语义维度，并提高他们的阅读理解能力。首先，通过语义分析，学生可以更好地理解词汇的语义用法。俄语是一门丰富多彩的语言，词汇具有多种含义和用法。通过分析文本中词汇的语义用法，学生可以了解词汇在不同语境下的含义和用法，从而提高他们对词汇的掌握程度。例如，教师可以选择一篇适合学生水平的俄语文章，引导学生分析其中出现的词汇，并探讨这些词汇在不同句子中的语义差异和用法特点。其次，通过语义分析，学生还可以更好地理解作者的意图和态度。俄语文学作品中常常包含丰富的情感和思想，通过分析作者选择的词汇和表达方式，可以帮助学生揭示作者的写作意图和情感态度。例如，教师可以选择一篇俄语文学作品，引导学生分析其中的词汇和表达方式，并探讨作者想要传达的主题和情感。除了教学中的实践，教师还可以设计一些相关的练习和活动，帮助学生加深对语义分析的理解。例如，教师可以组织学生进行课堂讨论，让他们分享对文本中词汇和作者意图的理解；或者设计一些阅读理解题目，让学生通过阅读文本并回答问题来进行语义分析。通过这些练习和活动，学生可以提高他们的语言分析能力和批判性思维能力，从而更好地理解和运用俄语。

第四节　语言文化维度的俄语教学

在俄语语言文化教学中，跨文化交际体系的运用具有重要意义。通过创设趣味化的活动，学生被引导将俄语理论与实践知识相结合，这有助于提升学生对俄语语言文化知识的学习兴趣和跨文化意识。例如，可以组织学生参与模拟俄罗斯传统节日的庆祝活动，让他们亲身体验俄罗斯文化的魅力，从而更好地理解和掌握俄语语言。语言文化维度的俄语教学需要注重以下方面：

第一，提高教师的教学素养。教师不仅应当熟悉俄语语言本身，还应涉及俄罗斯文化体系，融入俄罗斯风俗文化和传统节日知识，为学生营造跨文化交际学习环境。教师需要具备较高的俄语应用能力和广泛的俄语语言文化知识，这样才能更好地传授给学生。参加跨文化交际培训对于教师的素养提升至关重要，这不仅可以丰富教师的专业知识，还能够帮助他们改善教学模式和理念，提升整体教学效率。

第二，提高学生的跨文化交际能力。"不同语言之间存在着差异性，在当前的俄语教学过程中，中俄文化差异也成为学生面临的主要问题之一"①。为实现这一目标，俄语教学需要从传统的教学理念中解放出来，将跨文化交际能力确立为教学目标的核心。传统的俄语教学往往着重于语法、词汇等语言知识的灌输，而忽略了实际的交际能力培养。因此，改变传统教学理念，制定阶段性任务，并采用科学合理的教学方法是至关重要的。这一过程中，教师需要善于利用各种教学资源，包括课堂教材、多媒体资料以及线上资源，以确保教学内容能够贴近学生的实际需求，并能够激发他们的学习兴趣和自主学习能力。优化俄语语言文化教学大纲，设置跨文化交际相关内容也是提高学生跨文化交际能力的重要一环。通过系统地设计教学内容，将俄罗斯语言和文化知识与实际生活情境相结合，引导学生从基础的词汇语法学习逐步向跨文化交际能力培养过渡。

第三，选择丰富多彩的俄语教学内容。引入俄罗斯文化环境和趣味知识，不仅能够激发学生的学习兴趣，还能够帮助他们更好地理解和融入俄罗斯的社会文化。例如，通过介绍俄罗斯的传统节日、习俗和文化艺术，可以为学生创设语言文化交际情境，提高他们的实践应用能力。教师还可以通过多种形式，如影视欣赏、文学阅读等，让学生深入了解俄罗斯文化的多样性和丰富性，从而增强他们的文化包容性和跨文化交际能力。

第四，营造俄语语言文化学习环境。鼓励学生主动使用俄语进行交流，可以有效地提高他们的口语表达能力和交际技巧；提供丰富的俄语阅读材料，不仅能够增进学生对俄罗斯文化背景的了解与兴趣，还可以帮助他们提高阅读理解能力和文化交际能力。教师还可以通过组织丰富多样的文化活动，如语言交流会、文化展览等，为学生创造一个开放、包容、充满俄语文化氛围的学习环境，从而进一步提高他们的跨文化交际能力。

---

① 薛明. 基于跨文化交际视角的俄语语言文化教学的探析[J]. 才智，2019（15）：39.

参考文献

[1] 何虹柳. 现代教育技术在高校外语教学中的应用研究 [J]. 学周刊，2024（10）：109.

[2] 补爱华. 语言测试方法论 [M]. 上海：上海交通大学出版社，2011.

[3] 王伟，左国念，何霜，等. 应用语言学导论 [M]. 武汉：中国地质大学出版社，2012.

[4] 方静，王瑞琪，冯凌云. 外语教学与模式研究 [M]. 长春：吉林人民出版社，2021.

[5] 刘莉. 外语教学与语言文化 [M]. 北京：九州出版社，2017.

[6] 杨春燕. 语用学理论在大学俄语教学中的应用 [J]. 海外英语（中旬刊），2010（10）：59.

[7] 江涛. 现代语言学理论与教学动态发展研究 [M]. 长春：吉林人民出版社，2020.

[8] 李培东. 外语教学原理与实践研究：共时视角 [M]. 银川：宁夏人民出版社，2019.

[9] 何雪莲."双师型"外语教师教学能力发展的逻辑理路及推进策略 [J]. 牡丹江大学学报，2024，33（2）：80-87.

[10] 曾冠冠，苗青. 认知语言学对外语教学启示的文献综述 [J]. 中国多媒体与网络教学学报（中旬刊），2023（2）：209-212.

[11] 林正军. 语言学体认研究范式的理论与应用 [J]. 外语研究，2022，39（5）：34-38+90+112.

[12] 张译心，班晓悦. 认知语言学发展呈现新趋势 [N]. 中国社会科学报，2022-10-12（01）.

[13] 张含烟. 认知语言学理论对外语教学的启示 [J]. 教师，2022（18）：42-44.

[14] 李敏. 文化导入式的俄语教学模式建构 [J]. 山西大同大学学报（社会科学版），2024，38（1）：143-147.

[15] 范丽加. OBE 理念下俄语专业课程教学产出评价体系的构建 [J]. 黑龙江科学，2023，14（23）：120-122.

[16] 王彬羽. 俄语教学中的文化应用 [J]. 人民教育，2023（2）：80.

[17] 陈壮，苗雪薇，樊东旭，等. 信息化背景下基础俄语课程思政教学改革与实践研究 [J]. 知识窗（教师版），2022（12）：54-56.

[18] 乔昂子，李顺才，乔政. 深化中俄文化交融打造综合俄语课程思政 [J]. 中国多媒体与网络教学学报（上旬刊），2022（8）：41-44.

[19] 王智强，赵新艺. 基于产出导向法的基础俄语课程教学模式研究 [J]. 才智，2022（17）：63-66.

[20] 贾巍，邓琴. 新文科背景下外语智慧教学环境的现状与重构 [J]. 中国现代教育装备，2023（23）：105-108.

[21] 宋欣. 智慧科技在外语教学中的应用与探索 [J]. 校园英语，2023（51）：99-101.

[22] 苗兴伟. 外语课程思政视域下价值引领的实践路径 [J]. 外语与外语教学，2023（6）：20-27+145-146.

[23] 邓军. 俄语教学与研究论丛（第19辑）[M]. 哈尔滨：黑龙江大学出版社，2014.

[24] 都建颖. 第二语言习得理论入门 [M]. 武汉：华中科技大学出版社，2013.

[25] 高茂军，王英兰. 核心素养引领下的课堂教学革新 [M]. 天津：天津教育出版社，2018.

[26] 高治东. 外语知能关系论 [M]. 天津：天津大学出版社，2018.

[27] 景亚琴. 信息化教学 [M]. 北京：国防工业出版社，2013.

[28] 李吉林. 情境教学策略 [M]. 北京：北京师范大学出版社，2010.

[29] 李明霞，李建国. 学生为本与高效课堂 [M]. 北京：中国轻工业出版社，2015.

[30] 李晓红. 现代外语教学理论与实践 [M]. 长春：吉林文史出版社，2017.

[31] 刘立莉，亢连连，姜华. 基于建构主义教学理论的跨文化外语教学模式探析 [J]. 文化创新比较研究，2020，4（31）：187.

[32] 王兰. 外语教学中注意理论的应用 [J]. 科学决策，2008（10）：102.

[33] 王铭玉. 现代外语教学多维研究 [M]. 上海：上海外语教育出版社，2015.

[34] 余青兰. 多媒体外语教学的历史嬗变 [M]. 郑州：河南大学出版社，2015.

[35] 张可任. 俄语教学词典的理论与实践 [M]. 北京：知识产权出版社，2010.

[36] 钟芝和. 现代教育技术 [M]. 上海：上海财经大学出版社，2018.

[37] 万宁，顾运轩，陈茜. 基于现代教育技术的俄语教学研究 [M]. 长春：吉林大学出版社，2020.

[38] 刘智聪. 基于信息化时代的高校俄语线上教学模式探究 [J]. 品位·经典，2023（3）：155-157.

[39] 顾佳琪. 谈多媒体技术在俄语教学中的应用 [J]. 中国成人教育，2012（3）：140-141.

[40] 蒋晓东. 跨文化交际视角下的俄语语言语言文化教学的探讨 [J]. 中国多媒体与网络教学学报（中旬刊），2019（10）：141-142+162.

[41] 白凌霄. 浅析现代教育技术在大学俄语教学中的应用 [J]. 才智，2017（26）：196.

[42] 薛明. 基于跨文化交际视角的俄语语言文化教学的探析 [J]. 才智，2019（15）：39.